AF508553

How to solve Word Puzzle?

Solving a word search puzzle efficiently requires a combination of strategies to locate hidden words amidst a grid of seemingly random letters.

Firstly, start by scanning the entire grid briefly to get a sense of the layout and identify any obvious words that may jump out at you.

Next, focus on one word at a time and search for its first letter, moving in all directions—up, down, left, right, and diagonally.

Once you find the first letter, trace the word while maintaining your direction until you locate the last letter.

Don't forget to cross off words from the list as you find them to avoid redundancy. I

t's also helpful to pay attention to overlapping letters, as words can share characters.

Finally, if you get stuck, take a break and return to the puzzle later with fresh eyes. Patience and a systematic approach are key to mastering word search puzzles.

Best of luck for solving all the puzzles. If you like the book, please post a review on Amazon. Thank you

Puzzle-1

H	F	T	V	O	D	T	F	S	S	L	V	E	N	L	H
A	Q	A	R	A	Z	N	N	R	I	C	C	N	C	O	S
J	O	B	G	L	R	E	E	E	E	C	I	X	V	L	U
T	H	H	S	M	F	G	C	V	V	U	L	G	F	F	V
Y	W	C	D	F	I	I	Q	H	G	U	B	H	N	S	S
J	P	V	Y	T	D	F	D	N	R	L	F	E	X	O	A
T	I	K	Q	W	M	O	E	J	Q	O	N	R	A	H	Y
J	C	O	O	E	I	P	L	P	O	N	V	R	B	U	W
P	W	O	G	B	Y	M	V	P	J	B	U	T	P	N	X
K	T	S	B	B	R	R	C	D	H	V	F	R	Z	M	C
M	A	Z	Y	J	H	X	J	I	K	I	R	L	I	O	N
E	T	O	E	L	E	P	H	A	N	T	N	O	N	A	F
F	K	Z	X	P	C	M	X	R	W	P	P	S	O	Q	A
O	Q	M	E	B	G	H	E	M	M	R	I	A	F	P	S
I	U	U	I	Y	F	I	K	A	N	G	A	R	O	O	V
Z	G	I	N	V	Y	D	O	U	G	B	P	Q	R	D	F

DOLPHIN
KANGAROO
PENGUIN

ELEPHANT
LION
TIGER

Puzzle-2

H	U	J	P	H	P	C	L	B	N	M	Y	U	S	J	F
J	W	W	Q	S	R	U	O	Q	V	U	A	T	B	E	C
A	P	F	P	W	G	O	M	V	F	Y	I	G	J	C	D
C	F	I	D	N	T	W	O	T	R	U	R	F	T	X	I
Z	A	V	N	H	V	T	C	R	R	X	A	Q	R	Y	P
D	G	F	R	E	U	M	E	F	U	P	S	W	D	G	O
H	S	U	A	N	A	B	E	W	X	Y	P	S	V	B	M
F	O	W	K	G	K	P	X	V	S	H	B	W	T	F	E
Z	D	C	A	C	A	T	P	Q	C	O	E	C	M	A	G
N	L	S	A	R	R	C	I	L	V	B	R	N	R	R	R
K	S	L	G	W	J	T	Z	M	E	F	R	G	O	O	A
I	B	B	M	J	C	X	O	F	Q	S	Y	L	T	P	N
N	D	U	S	B	W	U	V	O	O	I	W	S	F	I	A
T	F	E	K	W	A	T	E	R	M	E	L	O	N	K	T
U	Q	V	C	M	T	N	B	M	W	Z	Q	J	D	X	E
V	O	W	Y	R	T	A	R	O	G	S	K	L	E	B	R

BLACKBERRY
PINEAPPLE
RASPBERRY

GRAPEFRUIT
POMEGRANATE
WATERMELON

Puzzle-3

N	Q	B	D	D	G	I	W	F	B	U	X	D	K	T	L
T	P	N	C	E	J	L	D	H	I	L	X	T	T	R	W
S	Y	I	L	L	Z	L	E	X	K	N	Q	B	T	W	Z
T	H	P	N	B	Q	A	D	T	E	V	P	M	P	A	T
R	P	V	D	E	A	Z	Y	W	W	R	E	W	Q	X	S
A	E	T	D	E	A	N	R	K	C	M	P	V	R	U	V
W	O	Z	R	Q	T	P	A	K	C	H	A	M	S	C	T
B	W	J	K	T	P	Y	P	N	M	D	T	E	J	Y	C
E	E	Z	U	W	T	R	I	L	A	W	W	B	X	U	B
R	G	H	O	K	V	Y	U	Y	E	B	W	L	V	N	U
R	S	R	G	W	T	L	H	N	O	E	F	I	E	Q	T
Y	J	R	A	T	R	C	B	I	R	O	A	V	Q	B	P
B	W	Z	N	P	C	Z	M	K	A	M	H	G	M	J	N
M	V	G	X	D	E	K	U	B	N	L	D	D	C	W	X
M	J	F	Y	V	Y	S	Y	B	G	O	N	F	T	S	X
Z	I	H	O	D	A	S	D	O	E	K	P	K	W	K	Z

APPLE
GRAPES
PINEAPPLE
BANANA
ORANGE
STRAWBERRY

Puzzle-4

P	B	A	H	F	F	Q	I	I	J	P	H	T	U	U	Z
C	U	R	A	P	Y	S	L	V	U	D	Y	N	K	P	Y
M	W	B	D	X	N	O	O	N	F	N	T	A	C	Q	V
Y	B	I	I	T	C	T	P	H	N	H	Z	M	W	V	L
N	I	N	T	Y	H	V	D	U	T	D	H	P	R	M	Y
Q	O	Y	C	C	L	U	S	U	G	U	C	I	U	W	L
Z	T	W	D	L	H	O	N	R	A	I	N	B	O	W	G
P	O	Q	L	O	W	D	I	D	G	L	R	V	G	P	S
M	T	Z	C	U	L	P	S	B	E	N	R	A	I	N	Y
X	Y	W	R	D	K	T	L	E	Q	R	G	G	G	B	G
V	C	T	K	Y	U	G	X	I	E	X	S	F	E	H	G
R	U	J	W	S	U	U	K	D	U	K	F	T	P	A	D
S	N	O	W	Y	D	Z	W	E	C	W	M	R	O	B	K
I	F	F	C	R	L	N	Z	A	D	O	I	Q	K	R	U
P	Z	U	U	D	I	J	X	D	D	L	P	P	C	W	M
P	E	N	O	L	E	Q	T	J	F	P	K	J	F	U	S

CLOUDY
RAINY
SUNNY

RAINBOW
SNOWY
THUNDERSTORM

Puzzle-5

S	E	W	V	K	I	R	R	B	Y	O	W	H	Y	R	H
G	Y	R	H	N	F	J	Q	O	T	A	J	T	E	G	X
U	H	W	R	O	P	C	I	R	N	E	R	H	R	S	I
X	X	F	H	K	A	W	V	H	X	W	T	C	B	A	I
E	H	J	E	Y	X	E	O	U	T	O	U	P	S	U	U
U	N	B	D	D	L	T	T	E	R	X	V	E	I	Z	O
F	W	N	K	C	C	U	E	B	U	Z	T	G	Z	T	C
Q	U	L	N	Q	L	A	Z	L	A	B	Y	O	B	Q	A
Z	I	U	K	C	N	S	I	S	T	E	R	O	E	M	W
O	B	A	G	R	F	Z	C	H	A	Y	D	S	F	O	D
Y	R	V	U	R	Z	Y	A	M	F	N	R	F	D	D	K
Y	Q	K	P	N	A	B	D	P	S	G	R	A	G	U	F
S	F	Q	Z	S	T	N	D	E	D	M	H	G	J	T	V
X	D	P	B	E	A	H	D	X	I	G	J	T	P	Y	Y
O	M	V	N	R	G	D	Y	P	D	O	B	K	L	G	L
F	R	P	G	H	S	H	C	T	A	W	L	N	F	M	M

AUNT
GRANDMA
SISTER

BROTHER
GRANDPA
UNCLE

Puzzle-6

M X X B L D J F Q Z R U D Q E F
N P U M R Y I F C B F H I N Y Z
W R R D N D F X Z H Y O X S L Q
R X Y E R O Y L K P L L U D W F
U S N D W L P R X Z Y S I Q S H
J S O D K P A V C I V Y M Q T X
X P E P E H A Q E K A K X Y A C
Q M F A S I T U T D Y K F L R R
M T A B H N W H C A Z F P T F J
J N U E C O K K P B I Q W D I K
D C X R U T R Z B T Q E X P S Z
Z A V B T U W S Z G Z Y T Q H Z
G M C S B L A G E R M K N X G I
Q Z Q F L A E X Q S S O X T L A
Q O W Q R O P G O C T O P U S J
O H W Z W I J Y V D S K N R X U

DOLPHIN
SEAHORSE
STARFISH

OCTOPUS
SHARK
TURTLE

Puzzle-7

C	W	U	A	B	S	Z	Q	U	Y	G	O	S	F	U	O
A	L	B	O	F	W	C	M	C	P	Y	N	K	Z	C	F
T	P	A	W	O	K	X	O	L	X	G	S	K	S	N	D
E	E	O	A	E	C	J	P	C	A	O	A	O	L	A	V
R	Z	Q	M	F	V	L	U	K	F	D	O	R	K	S	T
P	T	M	K	K	X	N	B	M	Q	Y	Y	J	U	R	F
I	T	U	Q	Z	J	V	V	J	R	F	K	B	E	Z	U
L	U	P	R	S	Y	V	V	K	V	B	O	D	U	N	Z
L	B	U	T	T	E	R	F	L	Y	M	I	O	L	G	U
A	G	M	F	B	F	L	Z	M	Z	P	I	R	K	H	T
R	Z	S	O	A	A	T	N	U	S	S	C	G	S	P	U
R	U	Q	Y	L	S	K	E	U	Q	I	S	D	D	P	D
E	S	X	D	M	G	R	A	S	S	H	O	P	P	E	R
G	M	F	P	K	D	R	A	G	O	N	F	L	Y	G	G
R	F	R	O	S	P	I	O	H	V	T	U	L	Q	P	X
Q	A	R	P	B	L	W	H	F	G	V	X	L	R	V	K

"BUTTERFLY,"
DRAGONFLY
LADYBUG

CATERPILLAR
GRASSHOPPER
SPIDER

Puzzle-8

Q	G	I	J	X	R	M	O	C	M	R	S	P	X	J	U
O	W	O	E	S	R	E	N	H	V	W	M	I	E	B	E
G	V	I	U	Q	T	V	J	R	M	W	V	H	F	X	Y
T	O	I	H	H	H	P	P	K	V	O	O	B	W	K	I
R	R	M	L	U	K	F	S	T	E	W	D	Q	D	V	H
I	A	D	W	P	R	D	I	A	M	O	N	D	P	Y	A
A	S	P	M	C	T	Z	K	Y	C	V	E	Z	G	J	C
N	C	E	J	B	B	F	L	C	W	C	K	H	U	W	F
G	O	V	A	L	P	Z	X	F	B	C	S	E	N	B	N
L	U	C	L	D	T	Q	D	E	Y	R	Z	A	X	N	K
E	Q	I	L	P	G	S	Q	U	A	R	E	U	T	E	Z
G	H	R	L	J	W	R	E	C	T	A	N	G	L	E	X
R	K	C	U	U	A	S	F	M	L	S	Q	X	O	C	G
R	V	L	T	L	I	Z	K	C	P	P	X	H	C	A	F
A	Y	E	B	F	L	B	E	B	J	K	C	U	V	X	K
N	U	F	J	A	K	W	G	C	R	E	I	Y	E	N	Y

CIRCLE
OVAL
SQUARE

DIAMOND
RECTANGLE
TRIANGLE

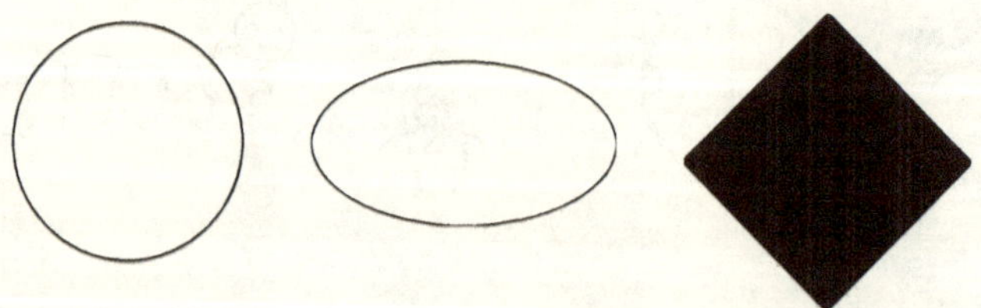

Puzzle-9

Z	U	G	I	B	F	X	D	O	P	P	R	Y	W	S	E
S	O	G	B	R	V	B	U	J	U	W	T	N	I	E	V
Q	F	G	I	B	T	Q	D	G	P	I	I	K	L	G	I
H	L	Z	T	S	I	M	A	R	S	V	N	N	D	N	S
U	X	C	B	F	C	K	H	R	Y	O	T	S	E	K	W
G	M	R	M	S	D	N	E	E	I	G	Y	K	R	Z	I
U	M	G	O	H	C	V	Z	T	X	O	X	R	N	S	G
W	E	D	R	K	I	W	A	V	U	P	P	Z	E	Z	B
X	I	A	V	D	N	V	M	D	V	Q	C	G	S	K	G
K	P	L	O	Y	R	A	D	X	V	N	N	I	S	F	K
Y	N	I	D	E	R	Z	L	M	Y	I	X	P	C	L	N
N	B	P	S	L	D	A	V	W	K	B	O	L	D	P	I
B	F	N	J	M	I	K	N	I	X	U	Q	X	E	K	F
U	O	R	T	D	U	F	H	G	Q	G	D	J	B	E	N
C	X	G	F	O	O	N	E	P	E	Y	A	O	G	E	C
K	X	P	Q	O	A	P	I	Y	E	R	U	V	O	R	S

BIODIVERSITY
HIKING
WILDERNESS
CONSERVATION
RANGER
WILDLIFE

Puzzle-10

A	G	Y	A	N	O	R	D	B	Y	H	W	C	E	L	U
U	M	V	L	V	G	A	M	O	I	Z	A	E	U	W	A
J	M	G	M	B	K	E	Y	P	A	Y	H	F	M	U	M
P	O	S	O	S	R	N	D	Z	N	C	Y	S	S	M	C
S	J	C	N	E	I	O	B	Y	A	H	I	U	I	F	J
F	J	Z	D	V	X	R	C	N	E	Z	P	P	Q	Q	V
C	V	K	S	A	X	Q	I	C	D	M	K	N	T	M	Y
C	G	C	U	T	T	P	U	H	O	L	I	I	B	D	K
A	Y	A	G	U	S	W	H	I	V	L	J	E	M	X	O
R	Q	C	P	G	S	Q	U	L	N	R	I	X	R	D	S
R	O	D	Q	P	U	J	Z	I	E	O	P	V	X	C	F
O	R	P	G	V	L	A	W	W	F	N	A	S	K	G	Y
T	T	H	K	I	G	E	A	B	M	T	Y	M	N	O	A
S	A	S	M	L	Z	M	S	O	M	J	K	S	I	W	D
R	Y	Q	C	A	I	G	F	A	J	M	I	A	L	A	P
L	C	L	J	K	T	R	N	H	P	G	B	C	U	Q	K

ALMONDS
BROCCOLI
QUINOA
APPLES
CARROTS
SPINACH

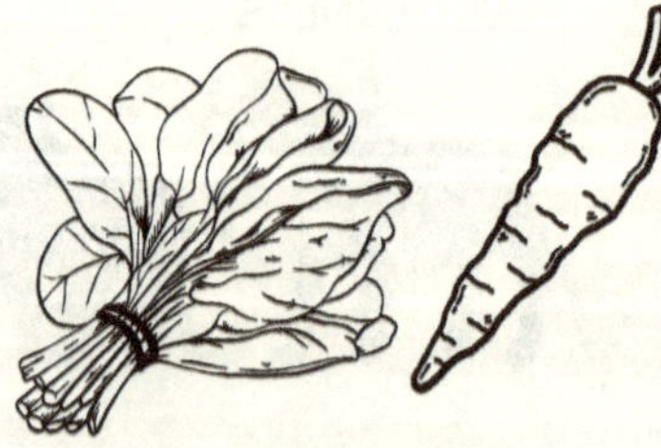

Puzzle-11

M	N	X	E	Q	J	H	K	F	A	N	B	S	H	S	V
R	Z	H	Y	D	Q	G	C	G	R	Z	W	V	D	F	J
Y	M	P	C	T	B	G	U	Q	R	U	W	J	Q	T	H
D	F	X	Q	H	I	C	W	I	Q	A	G	F	J	J	Y
Q	I	R	C	M	I	O	A	T	F	Z	F	A	W	G	C
N	K	T	X	H	F	C	O	B	Y	T	P	B	D	B	C
P	H	W	R	X	M	H	K	O	U	R	T	T	I	W	O
E	P	S	J	E	Q	P	K	E	O	A	C	Q	O	T	X
V	O	E	H	M	E	E	K	H	N	C	E	C	L	V	D
D	J	L	H	E	J	W	F	M	F	T	J	I	T	U	A
N	B	A	R	N	E	D	F	U	R	O	I	S	N	K	L
X	I	E	G	Z	J	P	W	D	Q	R	U	H	G	T	B
H	A	Y	S	T	A	C	K	B	P	S	R	L	J	L	R
K	L	W	I	D	Y	E	J	P	A	X	D	X	Z	M	O
J	T	W	J	G	M	G	R	T	H	F	M	R	W	L	A
Y	Q	Q	U	D	D	P	F	Q	R	G	D	R	E	Z	K

BARN
COW
SHEEP

CHICKEN
HAYSTACK
TRACTOR

Puzzle-12

D	A	U	O	A	V	I	P	Y	F	R	Q	E	J	F	U
O	Y	K	R	P	O	K	C	R	G	A	J	G	X	Y	I
K	F	I	R	E	F	I	G	H	T	E	R	O	O	J	J
V	T	L	K	D	H	Y	M	F	I	C	Z	M	E	J	Z
Q	A	E	T	R	G	I	R	F	J	O	D	S	N	Q	G
A	E	Y	A	J	M	L	U	J	L	O	R	M	B	Z	K
F	S	E	E	C	H	U	A	T	U	U	A	N	R	T	Y
U	R	T	N	O	H	H	H	Z	N	L	V	O	D	A	Y
A	X	W	R	G	U	E	J	C	Z	M	T	X	E	F	N
H	Q	H	V	O	I	S	R	E	E	C	O	T	Z	E	R
I	I	U	T	W	N	N	O	N	O	B	A	T	K	J	G
I	O	J	O	F	O	A	E	D	P	G	T	M	M	M	A
I	L	G	B	M	T	I	U	E	W	H	F	R	F	Z	H
Z	J	L	H	R	M	O	F	T	R	H	V	Y	F	U	N
G	F	K	T	T	E	Q	I	W	A	C	Z	R	T	U	D
O	J	R	A	P	N	N	W	W	P	E	X	S	W	Y	G

ASTRONAUT
ENGINEER
NURSE

DOCTOR
FIREFIGHTER
TEACHER

Puzzle-13

T	G	W	I	N	Q	L	M	C	R	S	J	W	H	K	G
R	C	C	X	J	R	E	P	K	Q	M	D	J	T	J	L
D	L	J	A	W	O	F	C	M	M	B	E	H	O	Y	Z
K	M	Y	K	M	N	R	J	B	Q	B	G	L	X	R	W
B	C	I	U	D	P	O	B	P	Z	I	T	K	O	O	J
E	F	G	G	J	G	F	H	X	L	Y	G	V	T	D	H
A	I	Q	C	H	V	W	I	H	R	H	U	H	C	R	H
R	E	H	Q	Y	N	U	S	R	G	C	G	E	A	S	X
P	F	X	S	C	L	A	X	J	E	I	I	S	M	N	I
R	K	C	Y	X	L	C	V	C	L	S	X	X	P	H	J
Q	P	X	I	F	O	Q	V	H	K	J	K	R	S	I	S
D	L	W	A	F	D	B	S	I	H	S	W	X	I	K	F
M	S	P	R	B	D	A	U	N	Q	Y	N	X	T	I	W
J	S	G	V	T	L	P	R	E	D	F	I	T	E	N	A
F	E	B	M	F	A	R	I	W	W	P	M	A	Y	G	K
R	H	R	C	M	A	R	S	H	M	A	L	L	O	W	I

CAMPFIRE
FLASHLIGHT
MARSHMALLOW
CAMPSITE
HIKING

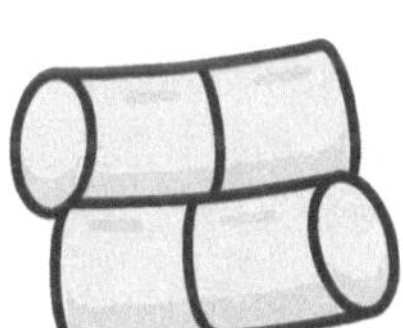

Puzzle-14

O	M	G	S	G	F	L	X	Q	G	M	J	P	H	C	K
U	G	R	T	N	V	O	Q	U	C	I	G	R	W	A	U
E	Z	O	F	U	Z	E	B	G	B	X	R	L	K	T	Z
W	I	E	T	N	U	Y	B	S	U	Z	A	N	T	E	F
E	W	E	U	H	D	S	S	R	T	M	S	P	O	R	I
P	K	B	B	A	J	S	E	Z	T	U	S	L	G	P	B
V	A	V	L	B	R	P	D	S	E	B	H	E	B	I	Y
E	U	P	Y	R	T	I	R	K	R	P	O	X	E	L	S
S	D	V	J	G	K	D	A	M	F	K	P	K	S	L	Z
X	J	S	K	M	Q	E	G	A	L	M	P	X	A	A	J
L	Q	L	O	L	P	X	O	M	Y	T	E	V	J	R	L
A	G	B	T	V	O	X	N	T	T	V	R	C	U	P	U
N	W	L	Z	V	W	M	F	S	S	M	R	Z	Y	H	V
Q	F	C	U	X	J	O	L	S	Z	N	M	E	V	Y	Q
U	H	O	F	V	Y	X	Y	G	Z	W	J	A	R	R	B
K	N	E	R	G	E	V	Y	A	J	U	Q	K	C	G	M

BUTTERFLY
DRAGONFLY
LADYBUG
CATERPILLAR
GRASSHOPPER
SPIDE

Puzzle-15

A	N	J	O	K	K	Y	W	K	S	M	Q	J	E	N	H
B	M	R	K	M	B	W	F	Q	I	O	L	L	F	B	I
Z	F	Y	Y	E	L	B	Q	A	W	L	O	T	T	M	T
L	Z	J	F	C	B	P	N	J	A	C	G	G	M	D	B
O	M	V	T	K	B	A	R	B	W	I	I	Y	F	F	S
G	J	F	C	X	Y	A	E	G	B	A	I	O	J	G	W
Q	E	F	P	M	I	S	S	B	I	E	J	C	A	Q	I
G	T	T	R	H	A	T	O	K	S	Y	T	A	H	N	M
X	H	P	B	B	X	N	E	P	E	O	Y	Y	G	A	M
Y	Y	B	F	G	E	S	Z	N	Z	T	C	U	T	I	I
D	Y	H	C	L	P	Y	S	O	N	A	B	C	X	P	N
I	E	D	B	E	J	Y	Q	T	K	I	Q	A	E	Y	G
F	C	B	Z	K	Y	I	R	O	Y	Z	S	I	L	R	E
A	C	D	H	S	S	E	M	E	L	J	S	G	Z	L	G
F	U	Q	M	Z	O	Q	K	Y	J	V	H	E	E	R	L
Z	L	I	X	V	O	L	L	E	Y	B	A	L	L	W	Z

BASEBALL
SOCCER
TENNIS
BASKETBALL
SWIMMING
VOLLEYBALL

Puzzle-16

U	B	P	C	E	E	H	D	E	E	U	D	N	R	B	S
V	H	A	P	H	N	R	Q	W	R	K	X	E	Z	C	U
J	I	N	S	C	O	K	C	U	Z	P	Y	C	J	H	A
A	M	C	C	Q	J	C	R	P	W	R	I	G	J	W	M
D	I	A	G	N	W	V	O	O	R	H	X	J	Q	V	X
B	Y	K	E	G	X	O	P	L	S	A	Y	N	U	E	Y
T	I	E	P	B	F	G	I	U	A	S	A	O	A	N	W
E	X	F	U	T	C	S	S	B	W	T	G	O	V	J	W
J	Q	E	V	P	O	U	Z	X	X	B	E	F	D	P	A
T	U	L	H	F	O	L	S	K	E	C	K	H	Q	E	V
E	A	A	T	M	Z	P	V	V	N	C	P	V	T	L	Y
A	X	K	W	G	B	A	C	E	U	O	I	A	I	R	U
Q	I	K	A	M	Z	B	H	O	D	A	Z	U	O	N	I
L	W	X	W	R	L	L	Q	N	R	X	Z	A	C	G	Z
U	B	I	C	E	C	R	E	A	M	N	A	C	S	N	M
N	E	L	L	C	C	R	A	L	M	N	U	H	X	R	W

CHOCOLATE,
PANCAKE,
POPCORN,
ICE CREAM,
PIZZA,
SUSHI,

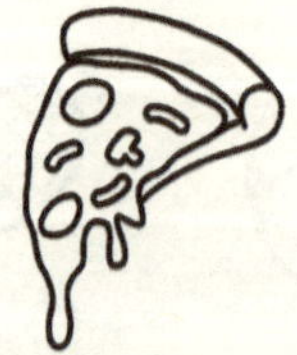

Puzzle-17

N	E	V	S	U	E	X	M	G	M	Z	C	M	V	F	C
Z	E	Z	Q	O	H	I	L	W	I	T	C	H	K	K	F
V	P	X	C	K	T	D	M	B	N	T	O	D	O	X	K
A	X	N	J	J	D	J	M	O	L	I	E	K	R	W	O
D	U	E	X	U	Q	V	A	M	P	I	R	E	Y	I	B
M	S	Y	O	Y	E	O	V	D	C	P	D	V	H	J	X
V	U	S	P	G	V	H	O	U	K	I	V	B	S	D	Y
I	O	M	B	E	C	E	Q	W	P	T	O	G	O	Q	E
H	P	M	M	G	D	B	C	S	V	V	H	K	U	R	A
A	O	G	L	Y	H	Q	E	P	I	H	T	D	X	C	H
E	A	S	F	Z	M	E	H	Y	J	D	L	E	V	C	E
C	U	L	N	D	D	R	Q	X	S	K	W	A	W	K	L
W	B	D	P	T	P	V	P	U	M	P	K	I	N	L	Q
Z	X	E	X	V	M	M	L	Q	B	U	Y	L	Y	Q	U
K	M	G	H	O	S	T	M	T	D	V	G	L	S	U	N
U	O	Y	D	I	Q	C	Q	H	W	B	Y	K	Y	J	J

GHOST
PUMPKIN
VAMPIRE
MUMMY
SPIDER
WITCH

Puzzle-18

I	K	Q	L	T	S	U	R	F	I	N	G	U	X	N	G
Q	C	X	S	I	L	X	J	I	E	L	L	F	B	K	E
S	U	R	F	F	Z	O	W	X	C	S	H	Z	N	J	D
E	X	H	V	E	O	F	A	K	V	W	B	N	R	F	Q
O	R	S	L	F	K	O	X	T	G	U	N	J	X	U	M
J	Y	K	G	F	S	P	I	N	M	R	Y	V	E	J	N
A	I	T	C	Q	W	U	I	G	J	C	N	T	E	K	W
Y	Z	B	K	L	S	M	N	R	G	P	X	S	T	D	L
K	R	I	W	S	M	I	B	B	X	D	I	L	N	I	J
L	D	W	A	I	P	Z	T	U	A	J	Z	C	X	I	K
H	B	T	W	M	C	X	N	S	L	T	W	K	N	X	Z
G	E	S	A	S	M	M	L	D	B	Q	H	F	Z	I	Q
D	A	C	Q	I	C	E	C	R	E	A	M	I	Z	X	C
Y	C	R	C	L	R	C	D	N	N	X	E	Y	N	N	S
L	H	O	Y	W	X	P	G	Q	E	Z	J	Q	J	G	K
Z	H	P	D	K	Q	W	S	I	D	N	C	U	O	Q	K

BEACH
ICE CREAM
SUNBATHING
SWIMMING
CAMPING
PICNIC
SURFING

Puzzle-19

C	S	N	O	V	H	O	T	C	O	C	O	A	P	T	L
A	Q	O	G	D	T	T	O	P	R	P	X	T	C	Z	B
Q	V	G	J	O	R	C	E	K	T	C	B	B	Z	F	I
T	X	L	F	I	R	E	P	L	A	C	E	I	I	K	X
R	I	C	E	S	K	A	T	I	N	G	Z	L	Z	R	C
B	V	E	S	N	O	W	M	A	N	A	Y	M	M	N	X
L	E	G	S	K	I	I	N	G	M	W	D	F	Z	V	O
M	O	W	R	V	K	I	D	F	G	C	H	R	C	Y	N
Z	V	C	K	L	P	I	O	B	S	Z	J	Y	E	X	E
Y	L	V	Q	V	S	R	P	A	F	P	Q	L	P	Z	O
S	N	O	W	F	L	A	K	E	O	E	A	D	D	F	W
R	K	S	U	E	Z	R	O	A	G	N	T	X	U	H	C
T	Z	S	N	O	W	B	A	L	L	E	F	M	F	Z	L
V	R	Y	C	H	W	F	H	U	D	J	A	S	K	Z	N
V	C	P	S	Z	L	J	K	E	U	K	S	C	I	B	E
N	H	U	O	I	J	H	U	H	M	Y	T	F	X	N	I

FIREPLACE
ICE SKATING
SNOWBALL
SNOWMAN
HOT COCOA
SKIING
SNOWFLAKE

Puzzle-20

K	D	J	O	U	D	R	H	U	N	U	O	L	F	Y	Z
Y	J	A	R	U	Q	V	M	Q	K	Y	B	J	R	E	L
O	I	P	X	Q	H	H	W	S	H	T	L	S	A	G	G
L	E	A	D	W	K	C	R	S	B	Y	Q	K	N	R	F
K	Q	N	N	O	P	R	X	C	R	O	C	H	C	O	M
F	I	T	W	X	X	K	M	Y	A	E	D	E	E	E	Y
G	L	Q	A	G	R	U	X	W	Z	T	N	E	J	B	J
G	A	V	E	U	T	V	W	V	I	Q	U	N	P	N	G
Y	H	R	U	E	S	C	J	I	L	N	F	C	B	C	W
K	G	B	J	C	A	T	O	Y	G	G	V	S	X	C	A
K	O	C	W	H	S	N	R	R	S	N	U	H	M	A	E
J	F	A	F	I	E	D	I	A	C	P	X	J	U	N	Y
E	S	R	X	N	A	T	R	L	L	N	T	I	S	A	R
U	B	E	U	A	A	P	B	G	M	I	T	U	Z	D	X
G	W	P	C	J	Y	U	Q	U	C	Q	A	K	M	A	A
C	V	U	J	Y	C	L	N	Q	X	W	H	C	F	F	S

AUSTRALIA
CANADA
FRANCE

BRAZIL
CHINA
JAPAN

Puzzle-21

F	E	B	E	Y	B	Q	R	Z	F	T	B	W	I	P	C
R	J	A	F	L	D	X	X	O	D	V	Z	L	Q	Z	S
W	U	E	O	U	U	J	K	C	R	B	Q	L	H	W	A
W	A	L	L	X	J	A	K	T	G	Y	N	J	I	I	B
R	E	R	X	L	K	M	F	O	L	B	X	E	N	E	I
W	J	N	C	B	Y	G	I	P	Z	K	P	Q	N	C	T
O	R	R	N	D	C	F	H	U	O	A	H	G	K	B	T
J	V	D	P	D	J	X	I	S	N	R	Q	V	X	G	S
P	J	O	O	K	O	S	A	S	X	H	Q	E	O	X	P
E	J	Z	J	E	X	L	E	G	H	M	O	W	C	T	V
T	W	M	I	R	R	A	P	A	B	W	J	H	N	U	X
B	C	S	H	A	R	K	S	H	H	O	D	A	Y	F	D
O	A	L	F	L	J	D	J	E	I	O	F	L	F	H	M
X	M	W	K	G	W	Q	D	X	S	N	R	E	Z	J	H
A	P	U	A	Y	P	T	Q	A	Q	W	P	S	E	C	Y
B	D	I	V	J	V	E	Q	E	A	C	M	B	E	L	V

DOLPHIN
OCTOPUS
SHARK

JELLYFISH
SEAHORSE
WHALE

Puzzle-22

U	B	Y	G	X	L	W	L	C	I	D	U	I	K	U	C
P	U	D	D	I	N	G	L	N	I	U	J	C	F	D	S
Z	T	M	M	W	Q	V	P	S	Q	F	G	A	U	L	L
H	W	Z	J	K	G	E	I	R	D	G	M	B	N	I	H
C	R	J	W	I	U	U	C	S	J	K	A	Z	L	U	J
M	T	N	X	V	O	D	H	A	W	K	H	F	N	O	D
I	W	B	R	O	W	N	I	E	K	S	W	D	J	P	C
Y	H	I	C	E	C	R	E	A	M	E	V	G	P	L	W
R	T	S	J	Y	A	K	L	G	C	P	C	E	Q	D	S
L	S	R	D	C	D	Q	S	E	F	R	C	C	T	P	T
S	E	D	O	P	N	E	B	Q	E	P	Z	F	F	D	M
S	G	A	N	Y	Y	K	L	I	U	C	Y	M	G	H	Y
N	U	S	U	L	V	H	P	Z	M	D	O	R	O	K	W
W	I	X	T	X	Q	S	Q	E	L	L	S	H	V	M	I
A	U	X	M	Y	L	I	A	G	Q	W	X	I	L	C	R
H	H	T	A	A	X	D	P	M	S	U	R	R	A	Q	U

BROWNIE
DONUT
PIE
CAKE
ICE CREAM
PUDDING

Puzzle-23

W	U	I	D	L	F	L	F	O	L	T	F	S	Z	Y	G
C	G	P	C	W	F	R	F	V	P	G	L	C	E	I	P
K	H	K	W	T	N	D	Z	A	M	B	R	T	S	E	M
B	E	S	A	G	T	Q	I	J	R	Y	C	N	P	M	I
R	O	V	G	S	P	A	R	R	O	W	T	Y	D	N	Y
A	I	J	F	B	K	C	G	I	Z	C	O	R	V	N	F
N	F	G	K	O	S	O	O	Q	T	C	I	I	Y	W	D
U	E	A	G	L	E	A	I	M	M	B	Z	L	X	T	O
I	M	R	C	X	Q	K	I	U	G	X	D	R	S	I	T
T	G	S	M	B	L	A	Z	N	P	E	A	C	O	C	Y
G	Q	B	X	Z	M	O	I	X	L	D	I	L	X	N	L
D	O	K	A	U	N	M	W	F	L	A	M	I	N	G	O
J	M	K	U	V	M	Z	N	L	M	R	E	J	K	G	O
Z	M	B	C	U	J	W	N	I	A	Z	F	G	A	H	P
B	G	G	H	R	V	E	V	I	N	G	K	T	X	C	K
J	B	F	A	Y	T	L	T	G	A	Y	K	K	W	J	M

EAGLE
HUMMINGBIRD
PEACOC

FLAMINGO
OWL
SPARROW

Puzzle-24

K	P	C	Z	D	D	R	D	V	D	I	X	E	Y	O	V
G	Y	R	L	C	E	P	F	K	M	V	C	P	T	Y	H
A	R	X	B	T	O	Y	R	A	X	H	D	Y	K	C	Y
G	O	H	A	O	M	O	E	U	T	Q	V	F	Y	G	L
V	F	L	J	O	F	D	C	F	O	T	O	M	M	O	H
D	P	F	Q	B	O	K	C	J	A	Y	T	Y	J	S	Z
I	C	F	X	T	W	E	Q	X	S	V	O	W	C	G	G
G	B	I	K	G	L	G	R	K	T	S	I	X	U	M	Z
R	L	T	V	E	K	E	T	K	E	P	H	L	W	A	Q
P	U	Q	O	C	D	O	W	E	R	O	T	K	D	J	E
O	J	I	T	N	T	W	H	B	X	O	O	N	J	A	V
H	H	I	E	M	F	L	A	Z	H	N	I	I	M	P	E
E	R	L	W	V	Y	W	Z	B	I	T	I	F	C	R	N
C	B	F	B	P	C	G	K	R	Q	T	F	E	H	W	T
E	K	E	S	P	H	N	O	L	D	W	Y	E	U	J	G
I	D	C	F	O	H	L	B	M	U	U	M	X	J	J	Z

BLENDER
KNIFE
SPOON

FORK
PLATE
TOASTER

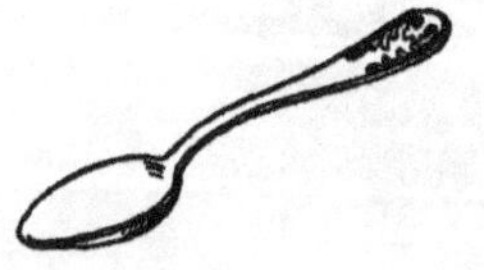

Puzzle-25

E	P	N	D	G	M	W	E	N	A	U	X	L	V	M	U
L	G	E	G	R	S	P	E	U	X	J	H	W	T	P	G
S	F	Z	U	V	V	R	R	D	D	W	T	I	Q	T	J
T	J	F	R	I	E	N	D	I	E	A	I	I	D	M	G
C	R	E	I	R	H	I	N	E	J	Q	Z	M	R	I	J
C	N	Q	Z	M	P	R	E	T	E	N	D	E	A	K	B
C	B	F	H	O	N	U	N	N	P	D	M	M	O	K	G
L	T	B	E	N	E	M	I	E	S	R	R	S	V	J	N
X	K	D	V	N	B	T	C	V	A	A	B	B	U	U	S
B	C	N	E	T	K	D	Q	F	A	G	E	Z	K	X	V
S	N	J	M	E	Z	C	R	O	W	T	T	I	W	C	O
L	A	U	Y	E	R	X	Y	Z	Q	V	U	H	K	D	L
D	B	R	J	U	Z	A	Z	K	L	N	T	S	Y	R	F
H	B	V	A	A	X	G	O	F	A	L	S	E	N	Q	V
V	R	P	G	J	R	U	O	L	M	R	V	D	F	B	Q
D	D	W	I	A	N	Z	E	L	N	V	I	U	I	O	K

CROW
ENEMIES
FARMER
PRETEND

DEER
FALSE
FRIEND

Puzzle-26

D	G	X	L	V	O	N	G	D	E	O	Z	B	K	B	G
E	B	V	T	J	N	L	Z	P	L	X	W	M	Y	M	G
F	N	X	X	K	W	K	B	E	U	A	B	P	J	Q	F
V	Z	P	B	U	E	I	F	F	I	R	M	A	C	S	U
U	P	B	R	O	W	A	A	O	C	H	B	L	U	C	U
J	N	D	U	V	R	A	F	J	H	L	H	E	H	U	J
E	F	D	S	C	A	N	V	A	S	G	Z	T	G	L	Q
O	J	M	H	I	I	N	F	W	J	R	X	T	Y	P	P
M	Y	J	V	S	G	R	V	S	U	E	S	E	H	T	V
B	X	I	P	K	Q	Y	K	K	F	Q	S	A	Y	U	Y
W	I	W	B	J	O	C	L	E	C	T	L	N	D	R	G
W	E	H	X	C	R	N	T	T	K	L	G	D	B	E	G
W	A	A	E	G	S	Q	P	C	S	V	U	O	G	U	Q
O	A	C	S	Q	Y	M	Z	H	F	B	M	L	N	G	Y
I	C	E	P	E	P	Y	J	K	G	K	Z	K	T	B	E
K	Q	J	D	B	L	X	Y	D	V	J	M	Z	L	R	U

BRUSH
EASEL
SCULPTURE

CANVAS
PALETTE
SKETCH

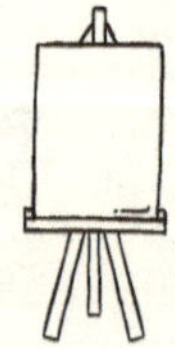

Puzzle-27

K	O	B	H	A	S	S	O	J	H	U	W	F	E	G	J
F	L	N	D	G	L	X	A	K	C	E	N	T	A	U	R
O	Y	L	J	D	I	R	L	D	S	P	S	Q	I	Y	W
N	V	H	W	N	C	U	T	J	X	I	O	Q	K	Y	Q
C	E	Z	E	O	C	N	E	N	L	K	C	C	P	S	E
Q	D	O	M	C	O	I	K	V	Q	X	F	H	A	Y	A
F	H	E	A	B	J	C	T	F	J	U	S	F	R	U	P
P	U	Z	N	T	Y	O	Y	G	R	I	F	F	I	N	Y
U	G	S	Q	F	E	R	O	S	D	T	B	Q	C	Y	S
B	V	Q	W	N	Q	N	W	I	K	U	P	E	W	N	A
D	M	P	H	O	P	D	A	Q	B	C	K	R	K	U	B
G	Y	Z	Y	V	F	M	R	V	C	X	U	Q	I	I	L
T	U	F	N	E	R	T	D	A	D	W	T	K	D	D	Q
H	W	M	Z	E	N	D	R	I	G	J	T	C	W	K	M
M	A	U	M	H	J	B	K	N	O	O	X	U	H	W	W
R	V	N	I	J	P	B	J	I	P	C	N	F	Q	B	M

CENTAUR
GRIFFIN
PHOENIX

DRAGON
MERMAID
UNICORN

Puzzle-28

N	N	U	F	G	B	U	Z	V	I	H	R	Z	N	B	N
C	J	X	S	M	B	W	X	V	D	Y	G	D	N	C	D
N	J	W	P	O	N	X	Z	U	K	O	C	N	N	H	R
W	T	O	L	I	B	J	O	T	V	P	Y	O	S	F	I
D	F	H	I	C	A	L	C	U	L	A	T	O	R	J	T
E	F	P	P	V	D	N	Q	Q	N	C	E	H	A	G	H
W	D	O	D	R	B	S	Y	Z	P	I	R	T	G	M	E
V	N	S	H	P	U	X	V	T	D	C	A	Y	J	R	J
L	R	P	N	O	T	E	B	O	O	K	S	D	Z	I	Y
B	K	I	K	P	M	P	P	L	V	X	E	X	P	Y	W
I	R	D	N	R	O	I	L	E	Z	F	R	M	J	O	U
G	U	X	Z	W	X	R	V	B	N	D	X	H	U	C	R
D	L	G	X	B	A	C	K	P	A	C	K	T	L	Q	G
F	E	C	Y	F	Y	L	B	C	F	E	I	Y	B	I	V
Q	R	M	T	M	W	S	F	R	O	L	Z	L	Q	F	Q
V	D	Q	H	K	G	C	P	N	L	P	G	Q	D	Y	P

BACKPACK
ERASER
PENCIL

CALCULATOR
NOTEBOOK
RULER

Puzzle-29

T	E	Y	N	J	W	L	N	T	A	U	R	U	S	E	A
J	B	J	Q	C	V	B	B	Z	J	H	Q	V	D	J	H
C	I	T	H	K	L	U	K	I	L	S	I	G	T	Q	R
R	B	G	I	R	L	L	C	C	C	B	V	Z	G	N	Y
O	M	I	R	D	M	C	H	X	W	P	A	L	G	E	A
D	Y	Z	T	B	J	A	T	P	Z	U	C	F	M	R	Z
I	B	J	Y	V	G	P	W	V	E	R	S	Z	C	A	X
I	E	L	E	D	E	E	F	H	N	E	P	M	Z	M	N
C	V	W	X	O	M	X	I	Y	I	D	Y	O	N	E	I
N	B	Z	S	W	I	F	Z	R	F	Y	V	C	L	K	V
W	M	Q	L	U	N	M	A	D	E	V	L	M	V	Y	M
R	E	C	N	T	I	B	D	E	M	Z	X	A	N	W	R
N	Y	D	B	Q	S	W	T	Q	U	N	L	E	O	Z	M
B	C	K	H	E	C	A	N	C	E	R	N	H	H	K	P
Q	V	I	R	G	O	I	I	D	S	T	C	P	L	K	K
A	S	K	Y	B	I	K	N	T	D	Q	G	C	U	L	S

ARIES
GEMINI
TAURUS

CANCER
LEO
VIRGO

Puzzle-30

J	G	W	X	T	B	K	N	Z	F	X	K	I	D	M	A
H	F	G	I	A	N	C	Y	A	T	X	S	R	M	N	N
G	F	Z	V	H	M	Y	O	E	L	S	A	M	O	K	O
O	H	Z	R	G	G	T	M	J	C	O	T	O	B	V	X
S	E	B	I	V	T	J	N	Y	B	O	L	U	E	O	A
W	L	A	S	A	E	X	W	E	W	L	E	N	I	Q	U
X	I	P	S	L	H	K	T	K	A	O	I	N	L	R	T
M	C	P	S	S	E	A	Z	B	D	R	C	P	N	Y	X
X	O	V	X	Z	K	W	R	V	A	A	M	W	G	I	Z
Y	P	A	P	S	U	I	I	M	P	Y	J	Z	D	C	A
N	T	F	I	E	A	E	B	C	J	W	T	U	T	M	M
D	E	M	Y	T	Q	U	K	X	K	L	C	C	X	O	G
N	R	T	O	J	S	S	A	I	L	B	O	A	T	A	H
H	N	H	E	H	W	K	F	R	Z	H	O	W	T	E	R
B	Z	F	Z	S	I	W	O	K	J	I	Z	E	U	I	Y
D	V	R	O	L	L	E	R	C	O	A	S	T	E	R	P

HELICOPTER
ROLLER COASTER
SKATEBOARD
HOT AIR BALLOON
SAILBOAT
SUBMARINE

Puzzle-31

F	V	A	R	O	N	Y	S	L	X	P	J	N	N	C	O
Z	V	C	L	C	X	V	V	C	W	J	I	S	E	Q	C
N	K	K	H	O	S	M	J	H	H	H	D	C	L	Y	A
Z	K	D	L	M	C	D	X	X	U	Q	H	K	Z	M	E
B	K	P	N	P	I	U	G	U	M	I	T	S	W	F	A
J	S	G	J	U	N	M	C	P	G	C	L	X	F	R	G
A	C	H	E	T	T	V	T	I	Z	T	Z	J	C	X	P
B	X	J	C	E	E	B	C	S	E	V	F	U	Y	S	R
Y	E	W	T	R	R	B	X	L	P	V	U	C	U	P	M
F	R	J	D	V	N	K	B	J	M	P	Y	H	P	L	K
U	W	C	T	R	E	A	L	O	O	O	E	B	L	W	M
O	Z	J	M	A	T	W	I	P	J	Q	U	T	R	E	W
T	J	D	W	G	J	A	R	K	N	L	K	S	J	H	U
W	V	R	D	R	R	N	W	R	E	R	G	X	E	G	X
H	K	U	H	Y	S	M	A	R	T	P	H	O	N	E	H
V	K	E	Y	B	O	A	R	D	O	N	R	C	P	H	H

COMPUTER
KEYBOARD
SMARTPHONE
INTERNET
MOUSE
TABLET

Puzzle-32

L	Z	C	B	W	S	N	U	B	R	J	C	O	N	T	Y
X	M	F	X	M	B	N	S	W	Z	Y	Q	V	S	Z	I
M	O	X	P	J	G	J	L	Z	O	L	V	R	H	Z	U
A	V	X	E	M	Z	X	U	S	B	W	V	N	B	J	K
T	Q	C	C	N	F	D	R	K	Z	F	V	P	B	U	C
P	D	Y	D	R	D	J	G	A	W	T	L	F	U	M	L
E	N	Z	S	F	A	H	V	A	I	B	D	Q	M	P	I
W	A	D	R	T	O	W	C	N	U	N	A	Y	Z	V	M
X	O	X	U	N	R	Q	L	W	K	P	N	S	R	Y	T
S	O	Z	U	V	G	E	L	V	J	K	C	D	G	E	V
X	G	R	G	T	H	Q	T	X	A	B	E	W	R	D	H
O	C	U	H	Y	F	G	L	C	L	D	O	V	A	C	V
B	X	H	Y	G	M	J	X	P	H	B	G	B	G	C	F
V	E	T	W	I	S	T	S	T	Z	W	L	B	H	Z	M
S	N	Z	W	N	U	R	V	U	K	K	R	M	I	Z	W
L	V	O	H	K	V	W	R	C	B	Z	Q	P	G	T	F

CRAWL
JUMP
STRETCH

DANCE
RUN
TWIST

Puzzle-33

B	P	W	X	B	V	M	F	N	U	N	Z	L	X	V	S
Y	V	J	S	G	E	C	E	B	E	L	F	Z	P	U	S
W	P	C	N	Z	U	L	F	I	S	U	H	X	P	J	B
L	E	D	E	E	A	Q	B	P	O	V	A	O	K	Y	K
M	C	T	L	H	G	T	X	D	A	K	T	F	S	F	E
Y	X	A	W	M	Q	K	L	V	P	C	V	P	O	F	X
T	M	K	U	N	R	T	N	A	O	C	K	U	M	M	Z
D	Y	C	B	A	U	N	T	O	H	O	R	G	E	K	X
A	E	D	H	J	X	U	Z	I	Q	I	Q	B	G	N	S
D	X	S	J	J	E	L	L	Y	F	I	S	H	I	K	R
I	R	B	A	E	C	Z	S	C	R	U	J	H	K	H	F
J	Y	C	Y	S	K	Y	L	S	A	S	P	N	G	H	Z
M	A	K	D	V	V	J	P	M	S	L	E	T	X	Y	X
S	A	D	B	Y	J	W	O	Z	O	U	Q	H	H	D	G
K	N	F	A	V	O	I	Q	D	T	X	B	I	W	Q	X
Z	W	L	C	S	E	A	H	O	R	S	E	C	X	X	N

DOLPHIN
OCTOPUS
SHARK

JELLYFISH
SEAHORSE
WHALE

Puzzle-34

T	U	D	B	X	M	H	Y	O	D	T	Z	I	H	L	H
D	Y	Z	L	A	P	M	G	C	V	J	P	W	K	F	P
R	C	O	O	I	Z	N	E	U	W	E	I	K	P	S	H
F	N	Z	R	H	I	W	L	O	Q	D	V	I	D	X	V
T	H	W	E	M	F	R	R	C	J	Q	R	R	D	F	G
R	A	L	A	W	W	R	O	D	C	N	I	I	N	T	B
C	N	L	L	M	A	C	L	L	S	B	E	R	C	F	H
W	F	Q	N	P	A	R	A	B	G	F	B	S	A	N	C
E	G	O	S	E	B	C	G	N	T	R	S	O	D	A	U
K	B	X	P	R	G	X	I	I	M	Z	A	H	W	D	R
M	D	Q	P	P	C	M	T	K	Q	I	U	A	R	L	E
P	G	G	D	T	M	F	S	A	L	P	K	T	H	N	L
J	P	J	O	U	Q	V	E	A	G	L	E	S	H	Q	Y
P	A	E	H	C	Q	N	M	F	A	P	C	J	A	O	D
S	L	W	M	B	V	E	U	V	Y	Y	Y	E	Y	T	X
Z	Z	H	F	L	K	M	L	B	B	U	A	R	C	V	L

EAGLE
HUMMINGBIRD
PEACOC
FLAMINGO
OWL
SPARROW

Puzzle-35

I	Q	Q	B	T	L	G	X	K	U	Q	M	E	X	G	B
L	Z	C	H	R	I	S	T	M	A	S	A	S	Y	E	H
B	H	S	Y	K	S	Q	H	C	P	J	D	Z	J	S	S
C	E	S	I	Y	K	E	A	H	X	F	C	X	J	Y	K
Y	I	A	B	S	G	J	N	V	E	U	N	K	F	Z	R
Y	N	O	S	F	L	F	K	A	Z	N	Q	E	I	E	W
T	D	R	V	T	C	A	S	L	N	K	H	N	K	X	N
P	E	K	W	E	E	Q	G	E	W	G	Y	O	R	E	U
S	P	A	I	K	B	R	I	N	R	M	I	U	E	B	L
V	E	N	J	L	P	O	V	T	J	U	Q	W	H	B	R
P	N	B	Q	O	S	Q	I	I	Q	O	O	G	S	D	N
P	D	H	E	V	A	A	N	N	M	L	B	J	V	Z	A
H	E	U	L	I	D	R	G	E	L	J	A	K	F	W	C
O	N	K	Q	Y	P	I	E	A	Y	O	G	D	Q	B	C
H	C	N	A	J	J	T	H	R	V	B	Z	K	R	Q	Y
I	E	I	D	D	Y	P	H	S	V	Q	R	U	V	J	J

CHRISTMAS
HALLOWEEN
THANKSGIVING

EASTER
INDEPENDENCE
VALENTINE

Puzzle-36

U	H	T	V	M	G	B	O	S	P	T	R	W	A	F	Y
Y	G	O	F	T	S	H	Z	Z	F	M	N	D	K	P	B
K	X	S	G	P	U	G	H	V	X	K	K	S	R	V	L
K	L	J	D	L	D	T	V	Q	N	V	F	S	L	I	I
F	I	M	R	A	L	S	W	P	O	O	B	S	L	W	S
H	T	Q	Z	T	R	B	G	R	X	A	U	C	Q	C	D
D	H	S	F	E	O	D	E	X	F	G	N	F	C	M	I
K	V	M	L	P	F	D	C	Z	B	G	G	I	B	C	G
H	X	C	P	G	N	O	V	T	O	A	S	T	E	R	L
W	U	M	Y	E	E	J	R	H	S	X	O	P	S	J	Z
S	X	A	L	A	K	I	I	K	U	P	C	T	R	G	Q
Y	Y	B	S	G	I	N	L	A	V	Y	O	Z	Q	C	N
Z	F	K	I	L	Z	M	I	E	H	S	A	O	J	H	V
Z	W	B	F	S	L	V	U	F	C	E	V	P	N	J	O
C	B	O	V	Z	X	P	S	F	E	N	U	G	P	A	K
R	X	F	A	W	Y	X	D	U	Q	C	G	O	E	R	G

BLENDER
KNIFE
SPOON
FORK
PLATE
TOASTER

Puzzle-37

G	H	H	K	X	Q	N	M	T	X	P	A	D	D	V	P
Z	L	R	I	D	S	I	I	X	B	K	A	O	I	G	V
N	E	A	S	E	L	J	Z	K	T	D	E	S	J	Y	V
N	Q	U	K	A	H	T	H	R	G	Y	J	K	H	V	O
B	Y	C	Q	S	R	F	X	Z	L	C	U	E	E	T	J
F	V	U	U	Y	Z	S	A	W	N	J	E	T	I	T	Q
T	B	R	Q	W	A	T	F	P	Y	R	T	C	Z	V	M
R	B	O	R	V	D	K	D	F	U	E	Q	H	C	B	W
O	I	D	N	Q	M	F	K	T	L	Q	C	N	W	V	R
B	N	A	I	M	O	Y	P	A	K	V	T	K	S	S	V
Y	C	Q	G	E	L	L	P	C	B	O	V	V	Y	H	B
P	B	E	L	L	U	U	O	T	P	U	A	I	W	J	H
C	A	P	U	C	V	M	W	S	F	Q	X	O	Z	Z	A
P	I	Q	S	G	J	E	S	G	U	X	G	H	W	N	I
N	O	W	U	C	P	P	N	K	T	L	L	Z	W	B	L
M	G	J	Y	U	K	V	K	S	F	F	G	R	M	C	S

BRUSH
EASEL
SCULPTURE

CANVAS
PALETTE
SKETCH

Puzzle-38

A	D	Q	Y	K	C	C	F	L	K	R	Y	K	N	V	E
Y	N	T	R	W	R	F	D	R	R	H	A	D	F	V	U
V	R	Y	B	T	C	Z	O	A	W	S	Z	L	Q	B	Z
D	F	T	X	R	W	T	N	X	J	K	P	N	P	R	G
I	H	P	H	Y	O	W	U	M	M	K	K	K	Q	G	T
C	A	S	U	V	E	W	T	C	Z	K	R	G	E	V	W
E	T	K	D	D	K	F	N	J	V	P	X	E	F	Y	V
C	U	P	D	E	D	A	U	I	C	O	I	M	N	I	H
R	C	B	S	T	B	I	B	M	E	S	Q	E	C	A	T
E	D	E	A	C	Y	A	N	W	O	A	S	O	C	E	B
A	W	O	Q	F	B	T	T	G	V	R	E	S	G	X	B
M	T	D	E	I	E	G	K	Q	C	S	P	X	G	U	E
Z	W	G	A	K	B	F	A	R	G	Q	B	E	Z	E	J
V	W	G	A	Q	L	X	Q	Y	F	B	N	M	X	M	V
D	L	C	U	T	Y	H	D	F	G	C	Z	H	A	Q	O
X	C	I	Q	N	T	Z	A	U	J	R	J	I	Z	N	Z

BROWNIE
DONUT
PIE

CAKE
ICE CREAM
PUDDING

Puzzle-39

R	Z	Q	D	R	I	E	Q	A	L	G	A	O	M	K	R
X	I	Q	O	Q	O	C	W	X	X	A	A	Y	L	I	H
Q	X	X	N	H	C	A	G	F	X	S	X	C	Z	D	B
B	F	X	Y	S	T	K	M	S	U	S	F	A	I	L	I
T	J	P	Z	L	O	Z	K	Z	B	Q	X	D	U	D	V
L	Q	E	F	G	P	A	S	B	P	T	T	O	O	A	G
E	S	H	L	F	U	D	J	H	H	E	V	L	U	N	T
E	Y	E	S	L	S	X	K	U	E	Y	P	P	I	L	K
P	V	X	A	C	Y	T	Z	F	N	Z	G	H	F	I	V
J	R	E	D	H	N	F	T	Z	D	C	M	I	Z	X	W
P	H	L	M	W	O	Z	I	H	O	K	C	N	R	F	C
G	X	T	Q	H	S	R	F	S	R	I	B	J	N	F	B
J	O	Y	L	A	T	S	S	A	H	M	Z	Z	W	Y	J
S	Y	U	P	L	I	T	H	E	N	N	W	Z	G	A	A
S	K	A	O	E	O	S	A	V	X	U	I	M	X	M	P
J	X	V	R	L	J	Y	H	X	V	X	H	R	N	M	U

DOLPHIN
OCTOPUS
SHARK

JELLYFISH
SEAHORSE
WHALE

Puzzle-40

U	H	T	V	M	G	B	O	S	P	T	R	W	A	F	Y
Y	G	O	F	T	S	H	Z	Z	F	M	N	D	K	P	B
K	X	S	G	P	U	G	H	V	X	K	K	S	R	V	L
K	L	J	D	L	D	T	V	Q	N	V	F	S	L	I	I
F	I	M	R	A	L	S	W	P	O	O	B	S	L	W	S
H	T	Q	Z	T	R	B	G	R	X	A	U	C	Q	C	D
D	H	S	F	E	O	D	E	X	F	G	N	F	C	M	I
K	V	M	L	P	F	D	C	Z	B	G	G	I	B	C	G
H	X	C	P	G	N	O	V	T	O	A	S	T	E	R	L
W	U	M	Y	E	E	J	R	H	S	X	O	P	S	J	Z
S	X	A	L	A	K	I	I	K	U	P	C	T	R	G	Q
Y	Y	B	S	G	I	N	L	A	V	Y	O	Z	Q	C	N
Z	F	K	I	L	Z	M	I	E	H	S	A	O	J	H	V
Z	W	B	F	S	L	V	U	F	C	E	V	P	N	J	O
C	B	O	V	Z	X	P	S	F	E	N	U	G	P	A	K
R	X	F	A	W	Y	X	D	U	Q	C	G	O	E	R	G

BLENDER
KNIFE
SPOON

FORK
PLATE
TOASTER

Puzzle-41

L	H	D	A	F	P	G	K	F	M	G	T	P	U	T	O
R	B	M	K	L	M	X	N	U	C	D	K	Y	R	C	R
N	Q	G	N	S	Q	F	X	B	I	F	I	M	H	W	K
I	N	O	S	E	W	L	Y	Q	W	H	D	X	B	L	N
E	S	N	F	R	V	Q	E	G	T	A	V	B	R	Q	B
I	H	S	Z	Y	F	H	A	B	E	B	E	Q	F	B	E
Y	F	R	A	E	A	E	R	H	F	B	F	M	K	P	Z
E	B	E	Q	G	P	S	S	L	B	H	P	O	C	O	X
S	C	F	T	P	L	O	P	V	S	Y	P	V	H	D	T
W	Z	V	W	H	U	Z	W	M	B	P	U	P	P	H	B
L	L	N	H	I	G	M	L	H	O	U	D	J	Z	A	H
V	W	N	X	M	Z	T	K	Z	G	U	C	U	Q	N	G
H	T	G	U	A	L	E	G	S	D	Y	T	M	F	D	E
O	N	S	L	Q	V	G	E	D	S	J	Z	H	H	S	Y
Y	D	F	L	F	N	F	E	E	T	Y	L	G	S	D	E
Z	B	Z	D	Z	R	A	L	E	H	Y	C	W	I	X	S

EARS
FEET
HEAD
MOUTH

EYES
HANDS
LEGS
NOSE

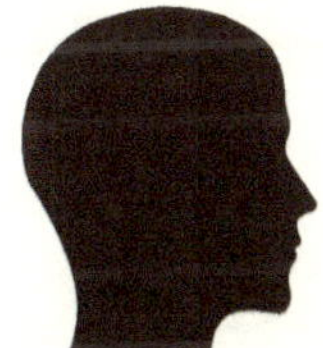

Puzzle-42

H	F	T	V	O	D	T	F	S	S	L	V	E	N	L	H
A	Q	A	R	A	Z	N	N	R	I	C	C	N	C	O	S
J	O	B	G	L	R	E	E	E	E	C	I	X	V	L	U
T	H	H	S	M	F	G	C	V	V	U	L	G	F	F	V
Y	W	C	D	F	I	I	Q	H	G	U	B	H	N	S	S
J	P	V	Y	T	D	F	D	N	R	L	F	E	X	O	A
T	I	K	Q	W	M	O	E	J	Q	O	N	R	A	H	Y
J	C	O	O	E	I	P	L	P	O	N	V	R	B	U	W
P	W	O	G	B	Y	M	V	P	J	B	U	T	P	N	X
K	T	S	B	B	R	R	C	D	H	V	F	R	Z	M	C
M	A	Z	Y	J	H	X	J	I	K	I	R	L	I	O	N
E	T	O	E	L	E	P	H	A	N	T	N	O	N	A	F
F	K	Z	X	P	C	M	X	R	W	P	P	S	O	Q	A
O	Q	M	E	B	G	H	E	M	M	R	I	A	F	P	S
I	U	U	I	Y	F	I	K	A	N	G	A	R	O	O	V
Z	G	I	N	V	Y	D	O	U	G	B	P	Q	R	D	F

DOLPHIN
KANGAROO
PENGUIN

ELEPHANT
LION
TIGER

Puzzle-43

P	T	O	P	W	R	U	K	Z	L	W	D	J	Q	W	X
M	D	W	Z	P	K	E	N	R	W	I	R	T	X	X	W
X	R	D	F	W	R	X	E	M	Z	A	F	Q	O	Y	M
F	I	V	W	D	R	L	W	O	E	L	T	H	W	T	W
L	X	B	R	U	L	J	O	B	C	G	L	R	O	H	H
Z	C	K	C	A	T	D	Y	D	R	A	I	E	A	Y	P
Z	W	S	B	G	T	D	Z	Z	O	B	G	I	T	I	T
J	L	G	V	M	D	T	J	O	B	Z	M	G	B	A	N
Q	F	O	E	E	D	R	U	P	O	F	X	U	X	C	D
O	C	B	T	F	E	Z	Q	Z	T	I	H	V	C	V	K
E	I	L	J	O	O	K	M	F	J	F	J	Z	N	Q	D
K	S	F	Y	C	W	N	I	N	J	S	K	G	H	J	F
X	S	V	O	X	M	R	D	X	P	U	Z	Z	L	E	A
U	E	K	A	T	X	G	R	Y	A	E	C	X	N	H	J
V	Z	S	W	K	E	Q	Y	M	L	O	C	H	D	U	G
T	G	O	X	M	G	B	L	O	C	K	S	T	P	Z	A

BALL
PUZZLE
TEDDY BEAR
BLOCKS
ROBOT
TRAIN

Puzzle-44

A	S	G	R	V	C	D	P	A	Q	F	S	J	Z	H	E
B	S	A	X	O	P	H	O	N	E	X	A	T	Z	A	X
B	P	R	T	D	C	B	N	Q	L	W	Y	M	Q	N	N
E	K	K	G	T	M	Y	O	J	O	U	R	P	T	D	T
N	Z	F	N	U	S	X	G	J	G	A	A	Z	F	R	R
G	Q	X	E	S	K	I	C	U	E	G	S	D	N	M	F
E	T	M	I	Y	V	W	T	R	I	R	A	N	T	P	W
V	I	O	L	I	N	R	Z	G	V	T	Z	P	K	Y	F
Q	N	C	U	C	Y	T	K	T	L	K	A	R	E	J	S
X	W	L	T	G	D	R	U	M	S	X	P	R	P	M	R
Q	H	Q	Z	C	T	B	R	Q	V	A	I	J	T	S	A
T	R	U	M	P	E	T	Q	E	Y	A	A	N	Y	Q	I
B	R	S	W	X	C	Z	P	R	P	K	N	D	S	Y	R
A	S	K	M	Y	M	S	Z	T	Z	K	O	C	Q	S	S
O	U	F	H	G	X	O	H	A	R	P	K	W	M	B	X
J	F	L	Q	B	C	J	U	B	U	R	F	Y	K	X	K

DRUMS
HARP
SAXOPHONE
VIOLIN

GUITAR
PIANO
TRUMPET

Puzzle-45

I	Q	Q	B	T	L	G	X	K	U	Q	M	E	X	G	B
L	Z	C	H	R	I	S	T	M	A	S	A	S	Y	E	H
B	H	S	Y	K	S	Q	H	C	P	J	D	Z	J	S	S
C	E	S	I	Y	K	E	A	H	X	F	C	X	J	Y	K
Y	I	A	B	S	G	J	N	V	E	U	N	K	F	Z	R
Y	N	O	S	F	L	F	K	A	Z	N	Q	E	I	E	W
T	D	R	V	T	C	A	S	L	N	K	H	N	K	X	N
P	E	K	W	E	E	Q	G	E	W	G	Y	O	R	E	U
S	P	A	I	K	B	R	I	N	R	M	I	U	E	B	L
V	E	N	J	L	P	O	V	T	J	U	Q	W	H	B	R
P	N	B	Q	O	S	Q	I	I	Q	O	O	G	S	D	N
P	D	H	E	V	A	A	N	N	M	L	B	J	V	Z	A
H	E	U	L	I	D	R	G	E	L	J	A	K	F	W	C
O	N	K	Q	Y	P	I	E	A	Y	O	G	D	Q	B	C
H	C	N	A	J	J	T	H	R	V	B	Z	K	R	Q	Y
I	E	I	D	D	Y	P	H	S	V	Q	R	U	V	J	J

CHRISTMAS
HALLOWEEN
THANKSGIVING
EASTER
INDEPENDENCE
VALENTINE

Puzzle-46

B	P	W	X	B	V	M	F	N	U	N	Z	L	X	V	S
Y	V	J	S	G	E	C	E	B	E	L	F	Z	P	U	S
W	P	C	N	Z	U	L	F	I	S	U	H	X	P	J	B
L	E	D	E	E	A	Q	B	P	O	V	A	O	K	Y	K
M	C	T	L	H	G	T	X	D	A	K	T	F	S	F	E
Y	X	A	W	M	Q	K	L	V	P	C	V	P	O	F	X
T	M	K	U	N	R	T	N	A	O	C	K	U	M	M	Z
D	Y	C	B	A	U	N	T	O	H	O	R	G	E	K	X
A	E	D	H	J	X	U	Z	I	Q	I	Q	B	G	N	S
D	X	S	J	J	E	L	L	Y	F	I	S	H	I	K	R
I	R	B	A	E	C	Z	S	C	R	U	J	H	K	H	F
J	Y	C	Y	S	K	Y	L	S	A	S	P	N	G	H	Z
M	A	K	D	V	V	J	P	M	S	L	E	T	X	Y	X
S	A	D	B	Y	J	W	O	Z	O	U	Q	H	H	D	G
K	N	F	A	V	O	I	Q	D	T	X	B	I	W	Q	X
Z	W	L	C	S	E	A	H	O	R	S	E	C	X	X	N

DOLPHIN
OCTOPUS
SHARK

JELLYFISH
SEAHORSE
WHALE

Puzzle-47

L	Z	C	B	W	S	N	U	B	R	J	C	O	N	T	Y
X	M	F	X	M	B	N	S	W	Z	Y	Q	V	S	Z	I
M	O	X	P	J	G	J	L	Z	O	L	V	R	H	Z	U
A	V	X	E	M	Z	X	U	S	B	W	V	N	B	J	K
T	Q	C	C	N	F	D	R	K	Z	F	V	P	B	U	C
P	D	Y	D	R	D	J	G	A	W	T	L	F	U	M	L
E	N	Z	S	F	A	H	V	A	I	B	D	Q	M	P	I
W	A	D	R	T	O	W	C	N	U	N	A	Y	Z	V	M
X	O	X	U	N	R	Q	L	W	K	P	N	S	R	Y	T
S	O	Z	U	V	G	E	L	V	J	K	C	D	G	E	V
X	G	R	G	T	H	Q	T	X	A	B	E	W	R	D	H
O	C	U	H	Y	F	G	L	C	L	D	O	V	A	C	V
B	X	H	Y	G	M	J	X	P	H	B	G	B	G	C	F
V	E	T	W	I	S	T	S	T	Z	W	L	B	H	Z	M
S	N	Z	W	N	U	R	V	U	K	K	R	M	I	Z	W
L	V	O	H	K	V	W	R	C	B	Z	Q	P	G	T	F

CRAWL
JUMP
STRETCH
DANCE
RUN
TWIST

Puzzle-48

F	V	A	R	O	N	Y	S	L	X	P	J	N	N	C	O
Z	V	C	L	C	X	V	V	C	W	J	I	S	E	Q	C
N	K	K	H	O	S	M	J	H	H	H	D	C	L	Y	A
Z	K	D	L	M	C	D	X	X	U	Q	H	K	Z	M	E
B	K	P	N	P	I	U	G	U	M	I	T	S	W	F	A
J	S	G	J	U	N	M	C	P	G	C	L	X	F	R	G
A	C	H	E	T	T	V	T	I	Z	T	Z	J	C	X	P
B	X	J	C	E	E	B	C	S	E	V	F	U	Y	S	R
Y	E	W	T	R	R	B	X	L	P	V	U	C	U	P	M
F	R	J	D	V	N	K	B	J	M	P	Y	H	P	L	K
U	W	C	T	R	E	A	L	O	O	O	E	B	L	W	M
O	Z	J	M	A	T	W	I	P	J	Q	U	T	R	E	W
T	J	D	W	G	J	A	R	K	N	L	K	S	J	H	U
W	V	R	D	R	R	N	W	R	E	R	G	X	E	G	X
H	K	U	H	Y	S	M	A	R	T	P	H	O	N	E	H
V	K	E	Y	B	O	A	R	D	O	N	R	C	P	H	H

COMPUTER
KEYBOARD
SMARTPHONE

INTERNET
MOUSE
TABLET

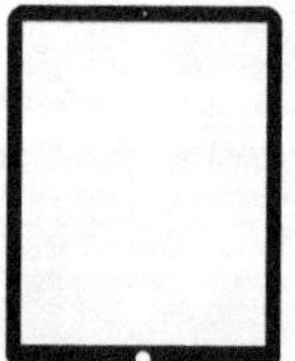

Puzzle-49

E	P	N	D	G	M	W	E	N	A	U	X	L	V	M	U
L	G	E	G	R	S	P	E	U	X	J	H	W	T	P	G
S	F	Z	U	V	V	R	R	D	D	W	T	I	Q	T	J
T	J	F	R	I	E	N	D	I	E	A	I	I	D	M	G
C	R	E	I	R	H	I	N	E	J	Q	Z	M	R	I	J
C	N	Q	Z	M	P	R	E	T	E	N	D	E	A	K	B
C	B	F	H	O	N	U	N	N	P	D	M	M	O	K	G
L	T	B	E	N	E	M	I	E	S	R	R	S	V	J	N
X	K	D	V	N	B	T	C	V	A	A	B	B	U	U	S
B	C	N	E	T	K	D	Q	F	A	G	E	Z	K	X	V
S	N	J	M	E	Z	C	R	O	W	T	T	I	W	C	O
L	A	U	Y	E	R	X	Y	Z	Q	V	U	H	K	D	L
D	B	R	J	U	Z	A	Z	K	L	N	T	S	Y	R	F
H	B	V	A	A	X	G	O	F	A	L	S	E	N	Q	V
V	R	P	G	J	R	U	O	L	M	R	V	D	F	B	Q
D	D	W	I	A	N	Z	E	L	N	V	I	U	I	O	K

CROW
ENEMIES
FARMER
PRETEND

DEER
FALSE
FRIEND

Puzzle-50

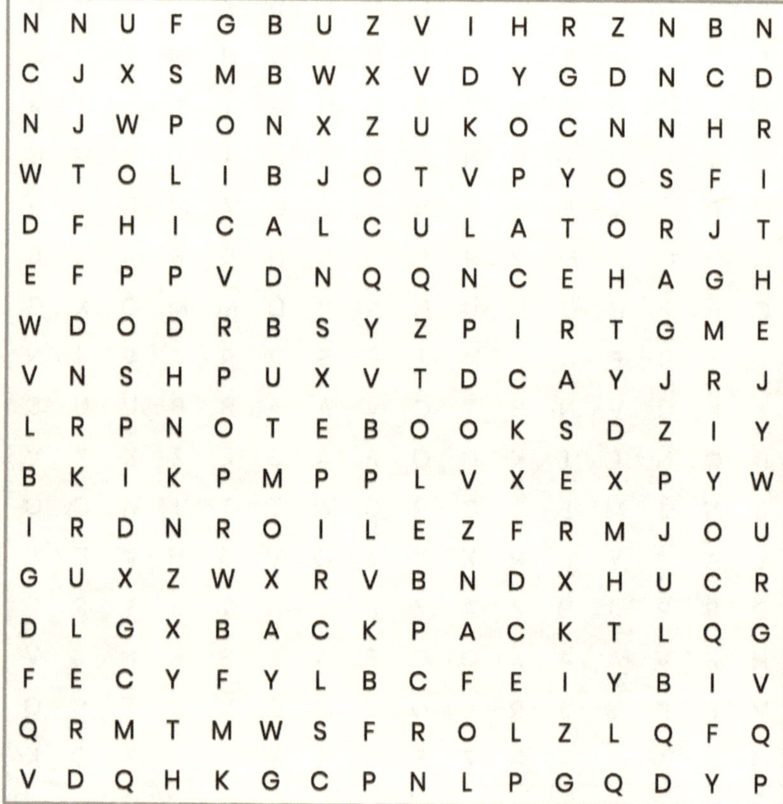

N N U F G B U Z V I H R Z N B N
C J X S M B W X V D Y G D N C D
N J W P O N X Z U K O C N N H R
W T O L I B J O T V P Y O S F I
D F H I C A L C U L A T O R J T
E F P P V D N Q Q N C E H A G H
W D O D R B S Y Z P I R T G M E
V N S H P U X V T D C A Y J R J
L R P N O T E B O O K S D Z I Y
B K I K P M P P L V X E X P Y W
I R D N R O I L E Z F R M J O U
G U X Z W X R V B N D X H U C R
D L G X B A C K P A C K T L Q G
F E C Y F Y L B C F E I Y B I V
Q R M T M W S F R O L Z L Q F Q
V D Q H K G C P N L P G Q D Y P

BACKPACK
ERASER
PENCIL

CALCULATOR
NOTEBOOK
RULER

Puzzle-51

X	D	F	J	N	X	S	K	W	O	W	K	J	V	R	R
T	N	F	H	V	N	Q	L	R	X	P	D	V	F	B	E
Y	R	E	K	G	D	S	U	E	Y	Y	M	W	Z	Y	C
N	H	W	B	S	X	P	S	M	X	N	L	W	N	T	V
E	X	T	W	U	H	D	K	A	E	C	Z	C	N	A	A
N	G	Q	F	O	L	U	L	M	K	T	J	U	N	P	S
E	N	X	S	X	N	A	T	N	F	X	E	M	O	S	T
H	S	D	W	I	G	D	S	T	R	S	E	O	C	L	R
F	Q	S	U	R	A	Z	G	B	L	B	P	G	R	J	O
C	R	X	D	K	C	H	P	K	N	E	K	L	E	Y	N
T	B	S	R	R	R	O	Z	T	I	Z	O	M	W	P	A
E	U	V	T	E	P	M	M	E	L	I	B	G	B	T	U
H	O	L	K	N	H	N	N	E	J	R	I	B	D	U	T
C	A	F	R	F	B	D	C	Z	T	X	X	D	Y	X	V
E	S	S	X	R	X	R	I	I	K	F	O	N	F	W	L
J	O	L	I	R	F	U	S	Z	Q	S	X	V	C	E	S

ASTRONAUT
GALAXY
NEBULA
COMET
METEOR
SHUTTLE

Puzzle-52

U	W	H	B	Z	D	W	P	B	T	N	L	H	I	T	W
R	B	P	B	R	P	I	I	O	A	F	A	O	V	P	K
Z	H	E	L	T	V	P	B	K	Y	Q	X	N	V	D	Q
O	N	P	S	F	E	A	L	O	A	N	X	U	S	Z	E
J	D	O	E	T	A	S	U	I	E	W	Q	C	K	O	G
O	R	S	V	L	S	O	S	T	B	N	U	K	Q	M	O
W	Y	F	M	E	Q	E	B	T	H	R	A	M	P	T	G
T	U	O	I	E	L	W	L	Z	B	O	A	J	P	D	W
N	Q	A	V	C	P	U	M	L	N	B	R	R	Y	I	N
C	C	V	R	Z	T	X	U	I	E	W	B	M	Y	K	U
J	H	F	M	X	R	I	J	U	N	R	N	O	Q	X	Y
Y	A	H	A	B	I	Z	O	F	O	I	O	Q	Z	F	A
X	P	Q	H	J	K	U	O	N	R	R	U	R	A	V	F
A	T	X	T	V	M	M	O	Y	E	R	T	Y	U	E	E
I	E	T	R	B	Q	N	A	A	S	V	G	H	E	L	M
J	R	G	U	X	H	A	B	U	U	O	N	J	X	Y	M

AUTHOR
CHAPTER
LIBRARY

BESTSELLER
FICTION
NOVEL

Puzzle-53

L	X	S	H	G	Z	A	F	R	Z	Q	U	P	A	C	N
J	B	M	O	G	X	I	A	B	R	T	V	Y	I	E	Z
J	O	O	J	C	N	C	Z	I	C	S	B	G	T	P	G
L	X	I	Q	I	S	I	W	O	Z	F	C	C	S	E	H
V	I	K	B	I	Z	R	V	K	Y	Y	L	K	I	I	F
E	N	K	R	U	C	R	G	Z	R	A	I	K	I	D	O
O	G	T	P	G	I	J	D	K	A	R	A	T	E	Z	A
D	Z	O	D	Z	J	E	O	Q	W	K	L	X	J	D	O
C	G	I	V	Z	T	A	E	K	W	O	N	D	O	I	W
G	P	Q	A	G	T	Q	S	Y	Z	E	P	D	K	F	M
O	U	I	L	Y	O	I	B	W	E	D	E	S	B	X	X
W	P	H	W	U	O	P	I	J	Q	J	X	I	L	X	T
F	P	T	W	N	D	D	Z	U	N	D	U	N	A	T	P
E	M	H	X	S	K	N	D	D	E	G	Q	A	Q	M	X
H	O	U	C	N	I	I	J	O	K	U	N	G	F	U	I
R	S	N	Y	T	I	E	W	H	E	B	X	T	P	Z	H

AIKIDO
JUDO
KUNG FU

BOXING
KARATE
TAEKWONDO

Puzzle-54

N	K	F	T	X	J	O	Z	D	W	R	F	V	H	D	T
Q	O	M	L	O	T	Q	K	K	X	Q	M	U	T	F	P
R	W	W	X	A	W	M	A	K	S	W	O	B	T	U	X
N	X	G	I	A	W	E	N	H	O	I	Q	W	E	D	J
S	T	J	B	O	M	K	G	P	Z	O	J	Y	X	Z	R
S	N	A	L	L	I	G	A	T	O	R	D	J	Z	U	B
Q	H	E	I	E	X	H	R	N	Q	R	Y	X	M	N	S
F	N	V	E	U	X	Q	O	G	M	M	N	E	D	D	P
Q	L	L	H	U	P	C	O	S	C	N	L	C	E	E	R
H	U	A	X	M	F	L	P	E	I	A	G	F	S	Y	T
K	V	F	M	H	A	M	R	U	H	A	I	E	F	M	O
E	O	A	I	I	P	Y	G	W	G	T	R	N	T	T	Z
Z	X	S	Z	I	N	N	O	T	X	C	A	K	N	M	Q
Z	R	M	U	Z	E	G	J	V	I	N	F	S	E	L	C
B	S	V	F	P	U	F	O	W	X	O	F	G	T	R	Z
I	P	N	D	H	I	V	O	G	E	L	E	J	V	Y	D

ALLIGATOR
GIRAFFE
LEMUR
FLAMINGO
KANGAROO
PENGUIN

Puzzle-55

Y	G	H	X	A	E	J	W	N	W	D	N	V	E	J	G
K	M	F	W	I	M	H	I	J	J	O	L	Q	Z	Y	O
M	R	G	F	W	W	A	C	L	S	L	L	E	Z	B	Q
U	I	E	R	V	P	J	D	K	V	G	F	F	K	T	K
R	L	R	L	S	Y	W	L	L	R	G	G	Q	Z	S	M
H	K	M	R	A	S	W	A	N	R	L	S	D	F	O	E
H	C	A	O	O	W	I	I	E	U	R	U	P	V	U	X
M	U	N	M	Q	P	C	Y	Y	S	T	W	N	A	T	I
B	B	Y	A	O	J	E	B	M	S	R	H	E	M	H	C
P	C	B	E	R	W	J	F	U	I	D	D	W	I	A	O
U	G	H	K	Y	M	K	J	O	A	V	Q	J	H	F	M
S	P	M	I	D	M	S	M	O	I	S	T	L	S	R	M
A	F	Y	R	N	D	F	U	V	O	N	H	L	Q	I	O
W	E	A	K	D	A	L	D	Z	F	M	N	A	X	C	C
Q	D	J	Z	U	Y	R	Q	N	P	K	A	O	K	A	C
H	N	B	Q	Q	Y	D	D	H	T	K	L	M	G	V	L

CHINA
MEXICO
SOUTH AFRICA
GERMANY
RUSSIA
SPAIN

Puzzle-56

F	B	G	Z	V	O	S	E	G	I	W	V	G	R	I	L
L	D	G	L	J	G	W	O	S	M	K	D	L	O	Z	J
J	O	C	C	L	E	O	P	A	T	R	A	N	C	R	N
Q	J	Q	I	I	H	R	H	G	E	F	H	Q	Z	M	T
E	S	U	J	O	S	W	X	R	D	Q	W	G	D	W	O
I	R	X	S	L	E	O	N	A	R	D	O	X	T	M	G
N	G	A	N	D	H	I	K	H	U	S	X	X	Q	A	B
S	K	E	V	R	V	C	E	U	B	T	E	K	B	B	J
T	Z	O	J	T	Z	Y	L	D	Y	E	Q	P	O	K	U
E	U	R	F	B	A	L	X	I	O	V	B	X	G	J	G
I	O	H	F	W	X	W	S	W	N	T	W	J	W	V	I
N	E	S	W	R	J	F	K	I	X	C	R	E	Q	S	G
K	P	S	Q	A	H	R	K	O	U	O	O	V	Q	W	J
C	S	H	A	K	E	S	P	E	A	R	E	L	J	Q	L
W	X	W	V	N	T	K	C	A	L	E	G	J	N	B	C
V	P	Z	L	J	Q	L	K	M	N	J	B	B	Z	U	O

CLEOPATRA
GANDHI
LINCOLN
EINSTEIN
LEONARDO
SHAKESPEARE

Puzzle-57

F	B	G	Z	V	O	S	E	G	I	W	V	G	R	I	L
L	D	G	L	J	G	W	O	S	M	K	D	L	O	Z	J
J	O	C	C	L	E	O	P	A	T	R	A	N	C	R	N
Q	J	Q	I	I	H	R	H	G	E	F	H	Q	Z	M	T
E	S	U	J	O	S	W	X	R	D	Q	W	G	D	W	O
I	R	X	S	L	E	O	N	A	R	D	O	X	T	M	G
N	G	A	N	D	H	I	K	H	U	S	X	X	Q	A	B
S	K	E	V	R	V	C	E	U	B	T	E	K	B	B	J
T	Z	O	J	T	Z	Y	L	D	Y	E	Q	P	O	K	U
E	U	R	F	B	A	L	X	I	O	V	B	X	G	J	G
I	O	H	F	W	X	W	S	W	N	T	W	J	W	V	I
N	E	S	W	R	J	F	K	I	X	C	R	E	Q	S	G
K	P	S	Q	A	H	R	K	O	U	O	O	V	Q	W	J
C	S	H	A	K	E	S	P	E	A	R	E	L	J	Q	L
W	X	W	V	N	T	K	C	A	L	E	G	J	N	B	C
V	P	Z	L	J	Q	L	K	M	N	J	B	B	Z	U	O

CLEOPATRA
GANDHI
LINCOLN

EINSTEIN
LEONARDO
SHAKESPEARE

Puzzle-58

D	B	N	X	M	M	G	Y	Y	U	F	T	B	P	M	R
T	N	A	M	Z	E	L	D	O	M	I	N	O	E	S	O
N	X	V	N	S	N	L	S	U	O	Y	C	D	A	E	G
N	A	D	Q	J	F	J	E	K	P	J	H	U	U	U	Y
K	Y	X	Z	E	O	P	S	S	Y	Q	E	B	B	L	U
U	R	Y	E	L	E	N	R	L	G	W	S	Z	L	C	K
Z	I	L	W	W	A	E	O	U	E	W	S	I	X	D	M
V	S	I	C	B	K	P	U	L	N	A	A	I	J	B	D
I	X	P	I	C	O	U	B	J	F	W	J	E	N	G	A
H	K	P	E	N	N	B	F	Q	M	H	M	X	J	W	V
Q	E	H	O	E	A	B	L	W	X	Q	I	K	H	Y	F
B	C	M	R	R	L	Z	P	A	O	W	A	R	P	Q	H
K	G	F	C	Z	T	E	B	T	J	U	Q	H	L	G	Q
F	W	S	W	T	E	Y	Q	R	J	V	U	T	F	N	L
C	S	Y	W	B	I	K	M	D	O	X	I	U	X	U	R
W	M	W	D	U	O	C	D	O	P	A	K	B	I	D	X

CHECKERS
DOMINOES
MONOPOLY
CHESS
JENGA
SCRABBLE

Puzzle-59

B	O	C	U	I	O	H	T	Z	O	R	M	Q	J	S	E
O	L	S	O	Y	Q	J	N	I	I	Z	K	I	R	Z	H
T	A	U	E	M	A	T	V	R	G	S	R	G	E	E	X
Z	T	T	E	E	J	O	Q	G	U	M	D	S	F	W	A
Z	W	R	K	R	D	I	O	C	F	I	P	D	R	C	M
R	B	N	F	J	G	A	C	I	V	C	O	S	I	J	S
B	R	L	V	L	Z	K	Z	Q	A	R	G	Q	G	D	T
Q	F	W	E	J	L	D	I	E	C	O	M	X	E	D	S
L	A	M	P	N	O	D	N	O	U	W	A	N	R	V	A
S	F	G	A	H	D	A	C	F	U	A	S	F	A	I	B
W	F	Y	U	S	F	E	P	D	M	V	T	T	T	T	G
J	X	M	X	C	D	A	R	Q	X	E	P	K	O	I	F
F	O	H	W	O	P	E	B	R	G	O	P	Q	R	U	C
Q	I	H	L	U	S	C	A	L	F	G	O	F	Q	Q	Q
T	J	H	V	C	O	X	M	A	A	N	A	Q	U	X	O
H	K	D	J	H	E	Q	B	E	U	M	H	S	Z	V	C

BLENDER
LAMP
REFRIGERATOR

COUCH
MICROWAVE
VACUUM

Puzzle-60

G	P	H	R	C	N	K	P	W	F	W	Z	I	Z	S	Z
Y	D	P	W	Q	I	Y	R	B	C	M	U	O	T	F	F
K	Y	Y	A	L	R	J	T	L	I	S	L	S	R	D	P
C	V	V	D	C	R	I	O	D	B	V	X	J	W	G	O
D	J	Z	S	Y	N	C	H	R	O	N	I	Z	E	D	A
I	A	O	Y	B	H	V	D	I	C	N	Q	S	R	R	G
V	W	Z	R	E	N	X	H	D	Q	U	O	U	Z	B	U
I	A	T	I	J	H	P	D	Y	M	J	K	R	H	R	Q
N	T	J	K	P	R	Q	K	S	Z	W	R	F	P	E	Y
G	E	T	V	F	A	Z	E	Q	N	B	P	I	M	N	K
H	R	Y	M	R	O	W	I	N	G	E	A	N	S	Y	R
Z	P	M	E	S	D	J	L	D	W	G	J	G	P	M	R
P	O	H	F	W	P	R	W	E	N	V	W	O	E	Y	A
B	L	L	U	X	E	Q	J	S	W	I	M	M	I	N	G
F	O	Q	Q	K	E	N	A	N	F	W	F	S	D	E	L
J	P	E	I	H	Z	G	T	Q	I	T	X	W	A	M	N

DIVING
SURFING
SYNCHRONIZED

ROWING
SWIMMING
WATER POLO

Puzzle-61

Q	B	Z	E	N	V	E	D	Y	N	M	X	Q	S	C	W
X	I	O	Z	H	C	E	D	G	K	W	T	E	X	Q	R
X	Q	J	P	S	F	H	A	N	H	N	V	P	F	Z	F
T	R	G	M	W	N	T	Z	R	S	R	S	M	X	G	P
A	Z	A	E	E	J	M	C	Q	T	R	T	X	E	I	L
L	I	X	Q	Q	R	U	S	D	B	H	G	Y	G	R	K
W	T	U	U	L	S	C	H	J	A	I	A	K	M	Z	D
U	U	R	T	W	F	L	U	S	E	X	J	K	J	J	T
S	F	G	B	S	J	S	R	R	B	P	M	D	Y	F	I
R	K	F	S	E	B	A	J	P	Y	L	M	Q	P	N	P
N	X	Y	L	A	M	H	X	D	J	U	J	Z	Q	E	A
D	V	V	H	P	Z	X	J	O	B	T	U	Y	G	L	S
S	A	E	P	A	Z	S	F	Y	X	O	O	X	E	R	Z
U	D	N	L	M	B	B	T	W	R	I	F	S	A	M	X
E	M	U	E	K	B	U	R	A	N	U	S	O	J	Q	X
H	D	S	A	K	Z	G	Y	T	G	Y	G	Y	Z	P	T

EARTH
MERCURY
URANUS

MARS
PLUTO
VENUS

Puzzle-62

J	Y	Q	I	D	L	V	G	A	B	V	U	R	Z	A	O
T	K	C	Q	V	M	I	T	U	S	M	M	O	O	I	Z
S	H	X	R	Y	F	X	R	I	N	D	T	I	C	I	R
M	Z	Z	C	G	A	L	X	L	T	F	B	N	H	N	U
V	V	C	M	N	O	F	N	Q	J	B	I	J	H	K	F
D	X	J	N	H	W	Q	A	V	B	V	M	D	Q	Z	W
I	P	F	R	W	K	N	F	S	A	U	B	Z	A	N	E
Z	O	A	E	B	Q	A	P	D	L	N	S	F	Y	P	S
X	W	B	I	A	U	E	H	T	U	A	G	M	M	C	Y
Z	H	T	B	U	D	D	B	L	L	V	M	O	T	Q	Q
H	A	F	L	S	J	O	H	Q	O	U	C	N	G	R	G
R	F	I	T	I	U	C	T	W	R	T	Z	E	U	H	T
A	P	J	D	P	I	C	A	S	S	O	L	T	L	D	T
X	Z	M	B	F	V	K	N	X	J	M	X	F	J	M	T
X	Z	Q	R	H	S	E	B	R	Y	Z	G	J	Y	V	P
Z	E	Z	I	Z	X	P	C	Z	G	X	H	Y	X	J	Y

DA VINCI
MONET
VAN GOGH

KAHLO
PICASSO
WARHOL

Puzzle-63

Y	U	R	L	L	H	Q	P	W	W	D	D	O	H	P	R
U	R	B	U	V	S	Z	N	E	W	Y	O	R	K	H	P
A	D	L	J	I	X	D	Z	D	M	W	V	H	O	I	A
V	L	A	R	H	X	W	B	X	G	V	W	X	Z	W	O
G	Y	A	Z	M	T	K	R	I	F	G	Q	A	L	M	B
C	P	S	L	T	W	W	R	Z	G	K	J	A	C	F	F
D	E	Z	N	U	E	T	R	X	L	E	D	K	I	F	W
Z	F	W	E	T	M	U	O	F	U	A	I	J	A	K	K
W	C	U	V	Q	A	R	O	K	I	G	R	V	T	N	O
M	H	M	W	F	O	X	A	K	Y	Z	R	Z	H	O	W
M	B	U	N	I	T	S	Y	O	P	O	Q	Q	E	B	O
Q	H	A	C	U	Q	O	X	C	J	B	I	D	N	A	M
N	F	Z	H	X	F	Q	E	N	M	X	R	F	S	L	O
B	N	J	G	V	L	M	S	N	K	V	U	Q	O	I	L
L	E	O	U	B	O	T	U	V	J	H	A	K	P	L	E
S	F	T	U	R	W	M	E	X	D	T	X	U	D	J	D

ATHENS
NEW YORK
ROME

BALI
PARIS
TOKYO

Puzzle-64

H	L	X	O	V	X	G	H	V	W	W	H	A	L	E	S
Z	X	C	V	L	G	I	E	J	R	P	X	Z	N	N	X
Q	F	F	O	Z	I	S	P	L	R	G	Y	I	G	T	M
Y	S	I	B	R	P	T	Y	R	L	C	H	Z	C	B	C
X	C	E	M	B	A	R	T	N	E	N	Q	B	E	U	J
V	S	E	A	J	Y	L	Y	I	R	E	N	T	G	T	R
D	Y	E	J	S	Z	Y	T	L	D	S	F	B	Y	I	W
P	J	A	A	D	H	S	D	U	U	E	K	Y	X	B	T
L	H	G	H	W	G	E	V	E	R	D	S	O	Y	Y	K
I	R	S	Y	E	E	L	L	U	S	W	B	V	V	V	W
D	P	I	V	F	P	E	A	L	H	Y	Z	G	A	B	C
L	K	B	I	Y	B	R	D	S	A	C	X	W	K	Q	P
F	Z	N	M	D	R	O	A	A	F	I	L	H	K	O	I
U	D	K	A	A	Y	D	Y	W	D	E	J	U	B	R	N
G	S	L	A	O	R	V	I	E	N	E	R	V	W	I	U
W	T	T	Q	Z	F	J	T	V	E	Y	A	T	S	M	K

CORAL
SEASHELL
TIDES
REEF
SEAWEED
WHALES

Puzzle-65

J	I	E	U	R	N	R	P	O	A	P	L	M	V	N	R
M	B	I	B	B	E	K	J	B	G	Y	M	F	S	I	S
T	N	D	S	L	D	N	F	P	T	M	S	U	I	S	L
N	Y	L	J	H	P	F	Z	C	P	P	R	D	U	S	A
S	H	E	Y	R	D	S	A	Q	O	U	R	R	U	N	E
A	Z	O	Q	W	O	D	B	T	A	M	U	R	D	A	R
D	O	G	K	F	O	C	A	S	M	A	U	M	Q	O	H
F	B	J	Q	R	V	R	O	D	S	A	W	G	F	Y	F
O	S	H	E	H	E	G	W	O	S	S	O	T	G	D	J
N	W	T	A	C	E	L	I	O	K	A	N	D	C	F	K
H	P	I	I	T	I	H	N	Z	H	S	U	T	U	B	J
I	G	R	S	X	C	N	I	B	F	L	J	K	N	A	N
U	T	H	P	A	A	M	J	B	O	M	I	F	H	Y	V
G	L	C	R	R	F	Y	D	W	E	V	N	R	M	H	L
P	H	B	Y	V	E	L	O	C	I	R	A	P	T	O	R
H	E	T	F	F	Q	D	T	A	I	T	X	W	W	F	P

BRACHIOSAURUS
STEGOSAURUS
TYRANNOSAURUS
PTERODACTYL
TRICERATOPS
VELOCIRAPTOR

Puzzle-66

N	D	Z	I	M	Z	S	U	Q	G	K	J	M	W	A	M
R	S	E	F	L	B	Q	G	Y	F	S	S	U	M	K	D
K	I	I	N	T	E	R	N	E	T	K	H	Z	V	M	Z
Z	B	T	N	Y	C	V	X	R	Z	T	Z	I	W	T	H
R	A	L	F	E	Y	T	A	C	H	K	N	P	Q	E	L
W	E	S	I	I	I	G	E	I	X	J	A	E	I	L	Q
K	L	F	F	G	F	T	M	L	R	M	G	V	D	E	L
Y	D	Y	R	H	H	A	D	Y	E	P	V	D	M	S	Z
Y	N	Y	L	I	G	T	J	H	O	P	L	J	B	C	Q
R	J	D	R	L	G	M	B	D	K	L	H	A	S	O	F
D	E	F	X	L	S	E	M	U	Z	X	R	O	N	P	A
C	H	T	X	B	O	Q	R	M	L	Q	X	Y	N	E	R
B	V	T	B	T	Y	N	G	A	K	B	O	K	N	E	L
V	A	A	U	Z	K	I	G	P	T	P	C	J	M	E	D
H	L	L	U	V	Q	C	I	B	W	O	C	L	J	C	L
I	P	S	X	D	Y	P	X	V	J	Z	R	D	E	I	L

AIRPLANE
LIGHTBULB
TELEPHONE

INTERNET
REFRIGERATOR
TELESCOPE

Puzzle-67

C	M	A	C	H	U	P	I	C	C	H	U	N	C	U	K
Y	C	F	D	S	B	Z	U	H	A	O	K	Y	R	X	D
B	O	O	C	B	C	H	Q	Q	C	V	W	D	M	R	H
F	L	A	X	T	I	F	K	P	R	L	K	W	K	I	L
E	O	W	V	R	W	J	Z	N	O	C	I	G	B	Z	D
C	S	A	K	Q	N	N	Q	N	P	M	I	W	K	D	L
J	S	G	S	T	F	L	W	M	O	I	B	C	X	S	N
E	E	X	A	T	R	L	O	H	L	F	S	W	X	Z	K
I	U	G	O	E	O	P	O	O	I	R	A	K	C	N	J
Z	M	S	D	S	P	N	N	W	S	M	E	N	I	E	R
C	M	A	V	N	P	S	E	L	I	C	P	R	B	N	E
S	U	Y	P	I	Q	E	A	H	E	L	Y	F	K	W	G
Z	G	Y	Z	W	J	S	T	P	E	A	A	V	W	Z	Q
L	Q	N	R	S	H	T	L	R	P	N	T	S	W	V	O
H	L	Y	O	Q	Z	Y	P	K	A	F	G	M	T	S	A
A	Q	V	D	A	S	R	N	K	I	D	A	E	X	E	B

ACROPOLIS
MACHU PICCHU
STONEHENGE

COLOSSEUM
PETRA

Puzzle-68

U	N	Z	A	D	G	B	Q	F	M	L	E	O	K	E	J
X	F	K	J	R	K	Z	K	L	S	B	G	Z	D	V	X
R	V	X	F	O	B	P	E	Y	L	Z	B	A	H	D	J
N	M	J	M	V	M	I	S	V	X	T	B	C	Z	K	P
O	Y	A	K	S	I	O	H	O	W	K	E	R	E	F	B
J	O	F	C	E	C	S	G	K	E	G	G	O	C	E	C
A	V	A	B	H	Q	O	C	W	N	A	G	P	K	Q	H
O	O	K	Q	Q	U	H	L	E	Z	D	R	O	E	D	G
L	G	E	J	P	Y	P	H	O	C	N	D	L	Y	K	L
E	I	O	P	V	J	E	I	O	S	C	P	I	C	F	R
P	M	E	G	E	N	F	I	C	P	S	D	S	G	H	B
D	G	K	C	O	T	O	S	H	C	S	E	I	W	E	M
I	G	R	T	C	A	R	D	U	K	H	O	U	O	G	X
H	O	S	S	R	O	S	A	N	I	J	U	I	M	V	I
X	G	B	A	Z	B	D	I	H	B	F	G	D	B	V	M
J	R	P	Y	P	J	R	V	B	L	B	C	C	C	B	W

ACROPOLIS
MACHU PICCHU
STONEHENGE
COLOSSEUM
PETRA

Puzzle-69

K	F	G	I	L	I	Q	A	L	N	J	X	X	L	S	R
H	N	R	I	O	T	B	E	J	T	H	H	X	M	A	U
D	I	Y	A	K	M	X	V	J	X	T	A	P	C	A	P
Z	Q	K	F	T	M	A	R	S	H	M	A	L	L	O	W
R	V	S	I	R	E	P	U	U	F	U	H	S	B	M	G
X	B	B	L	N	V	N	J	W	D	O	M	W	E	J	U
W	N	S	A	E	G	U	T	H	K	W	Y	L	Y	W	Y
O	M	I	O	C	E	R	C	A	M	P	F	I	R	E	V
A	Q	L	O	V	K	P	R	K	O	K	H	O	Q	P	C
V	D	M	U	A	E	P	I	C	X	C	I	W	W	I	J
M	K	N	G	V	D	Z	A	N	S	Q	D	I	B	J	K
V	O	U	S	O	G	W	P	C	G	T	N	F	T	P	U
V	M	R	W	T	H	Z	N	L	K	B	A	X	N	N	E
R	S	U	J	R	K	R	S	T	N	U	A	K	R	J	U
M	D	A	U	H	S	W	B	N	U	I	V	G	K	D	L
F	M	L	Y	C	G	K	L	E	O	S	B	M	W	A	W

BACKPACK
HIKING
SLEEPING BAG
CAMPFIRE
MARSHMALLOW
TENT

Puzzle-70

I	W	D	E	X	O	L	D	B	Z	C	Z	O	P	S	N
T	R	U	H	Q	N	M	J	W	W	X	G	D	V	G	O
W	M	P	Y	X	M	S	N	B	M	H	L	P	H	A	T
K	Z	X	E	O	E	A	F	B	X	Z	I	X	L	T	K
U	U	X	L	E	G	N	L	A	W	W	F	P	R	B	N
Q	O	I	M	C	D	A	U	Y	N	U	A	P	T	X	Z
S	H	B	R	K	Z	N	Y	T	Z	N	E	S	T	F	K
T	A	F	K	G	F	T	E	S	R	E	H	C	H	T	C
N	U	K	P	V	O	U	N	X	L	I	X	D	V	H	H
W	R	U	J	W	U	X	E	S	E	N	T	O	Z	I	X
Q	W	E	L	L	N	E	S	S	H	R	G	I	Z	Z	I
L	X	T	O	M	U	B	S	G	S	P	C	J	O	B	B
Z	Y	A	R	F	H	K	A	F	F	L	J	I	T	N	W
Y	B	Q	A	W	E	S	U	W	Z	N	T	S	S	R	O
X	T	Z	M	E	D	I	T	A	T	I	O	N	N	E	A
Y	J	L	J	I	D	U	U	S	D	F	O	H	Y	L	L

EXERCISE
NUTRITION
WELLNESS
MEDITATION
SLEEP
YOGA

Puzzle-71

M	K	Q	U	I	D	E	F	F	B	S	Q	V	R	Y	H
I	I	V	P	N	Y	H	K	N	D	U	K	N	J	D	I
E	V	B	R	C	Y	H	A	Y	S	T	A	C	K	R	B
P	D	A	T	K	O	Y	H	V	X	P	R	V	M	A	A
N	B	Y	R	G	L	W	B	M	L	Z	O	I	R	U	R
V	B	G	A	I	T	Z	S	O	F	B	Y	W	P	Y	M
Y	B	J	C	O	T	D	V	P	D	Y	M	E	Q	P	K
G	A	T	T	Q	A	B	Y	A	Y	H	K	A	I	U	D
X	T	E	O	I	Y	M	M	I	R	P	F	E	M	Q	U
U	Z	A	R	A	Z	N	M	E	L	Q	Q	D	R	G	X
R	D	D	Q	K	U	R	E	O	A	O	F	B	M	O	F
M	N	E	U	J	A	O	R	O	S	D	E	I	R	Z	X
K	E	W	Y	F	Z	U	C	V	S	K	O	A	W	J	B
T	Z	O	U	T	E	Q	E	I	K	C	J	W	H	A	V
D	I	E	D	Y	H	I	K	P	S	U	Z	C	N	V	D
T	Q	V	K	P	T	B	K	L	N	G	C	V	Y	Z	E

BARN
FARM
MEADOW
COWS
HAYSTACK
TRACTOR

Puzzle Answer -1

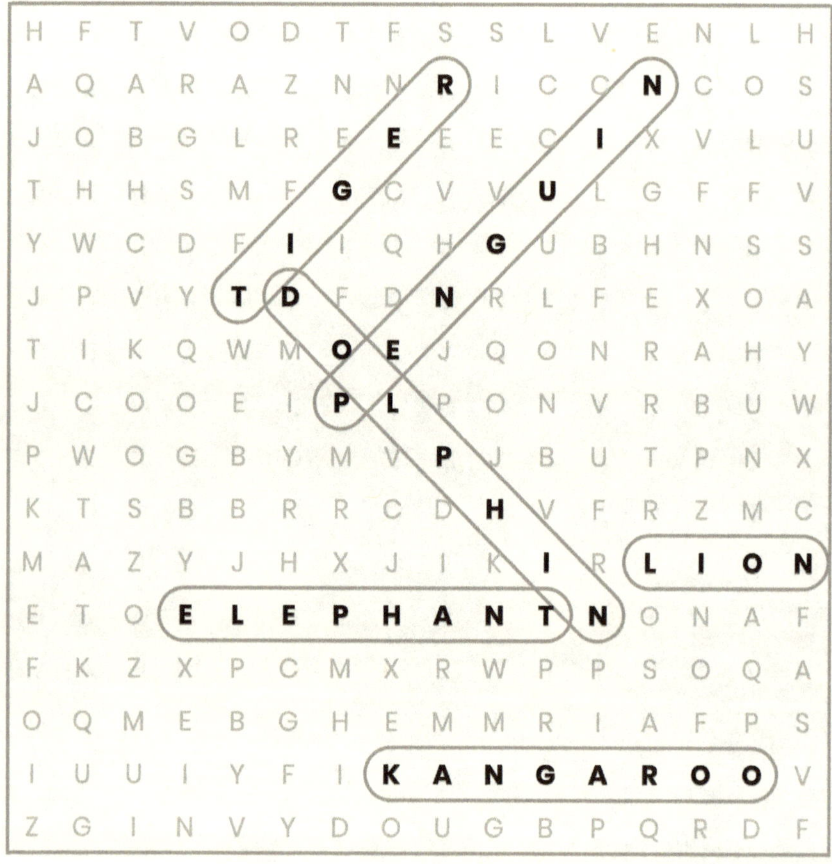

Puzzle Answer -2

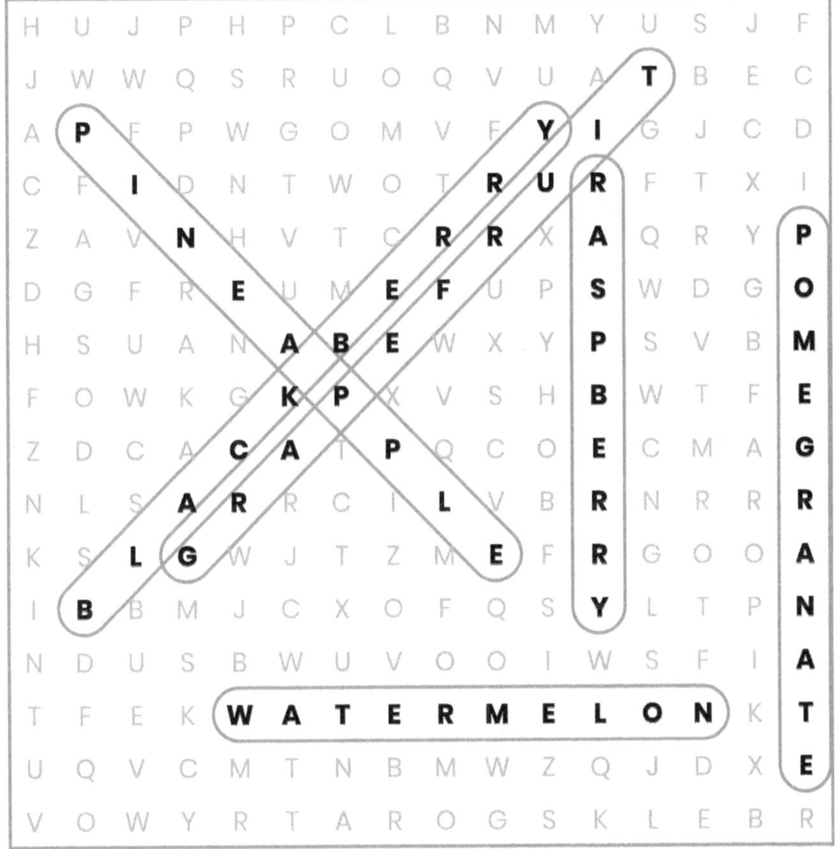

Puzzle Answer-3

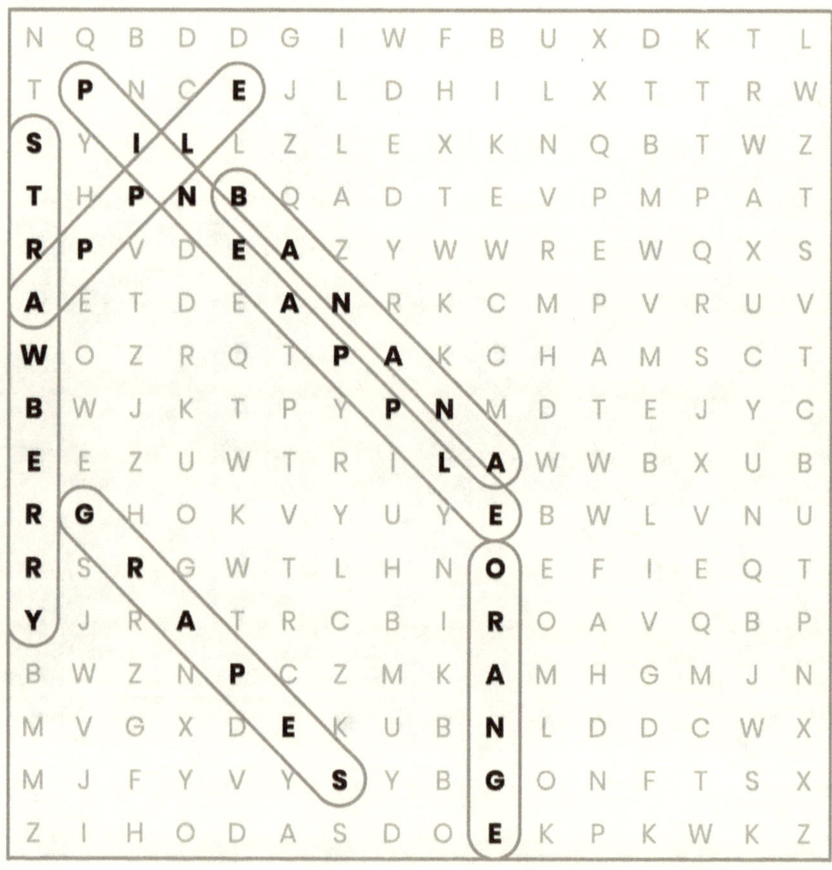

Puzzle Answer-4

Puzzle Answer-5

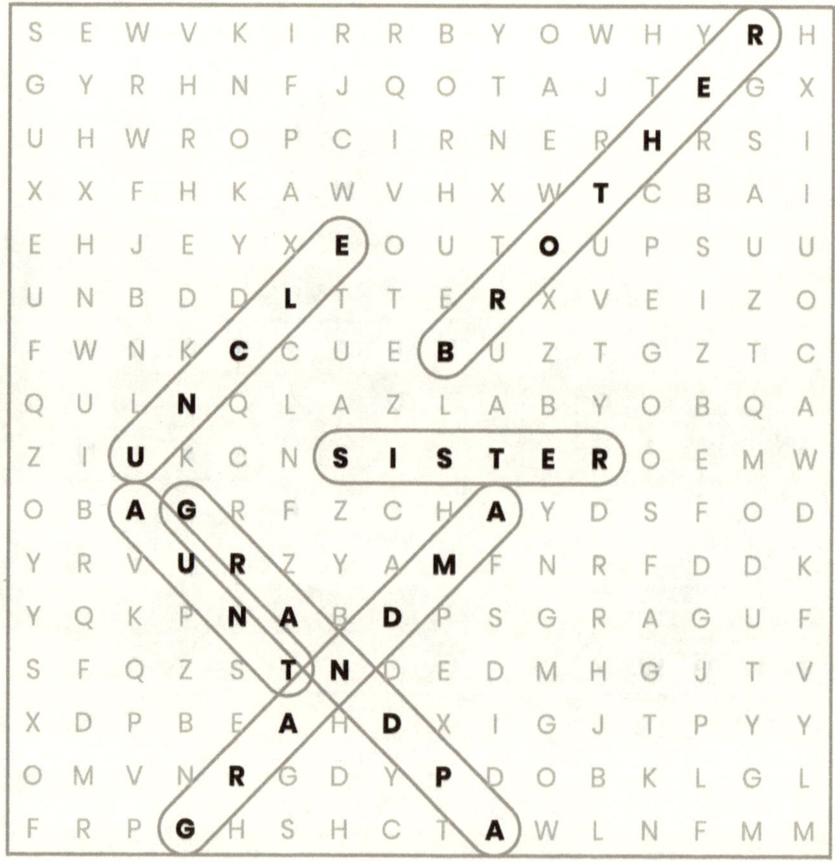

Puzzle Answer-6

M X X B L D J F Q Z R U D Q E F
N P U M R Y I F C B F H I N Y Z
W R R D N **D** F X Z H Y O X S L Q
R X Y E R **O** Y L **K** P L L U D W F
U S N D W **L** P **R** X Z Y S I Q **S** H
J **S** O D K **P** **A** V C I V Y M Q **T** X
X P **E** P E **H** A Q E K A K X Y **A** C
Q M F **A** **S** **I** T U T D Y K F L **R** R
M **T** A B **H** **N** W H C A Z F P T **F** J
J N **U** E C **O** K K P B I Q W D **I** K
D C X **R** U T **R** Z B T Q E X P **S** Z
Z A V B **T** U W **S** Z G Z Y T Q **H** Z
G M C S B **L** A G **E** R M K N X G I
Q Z Q F L A **E** X Q S S O X T L A
Q O W Q R O P G **O** **C** **T** **O** **P** **U** **S** J
O H W Z W I J Y V D S K N R X U

Puzzle Answer-7

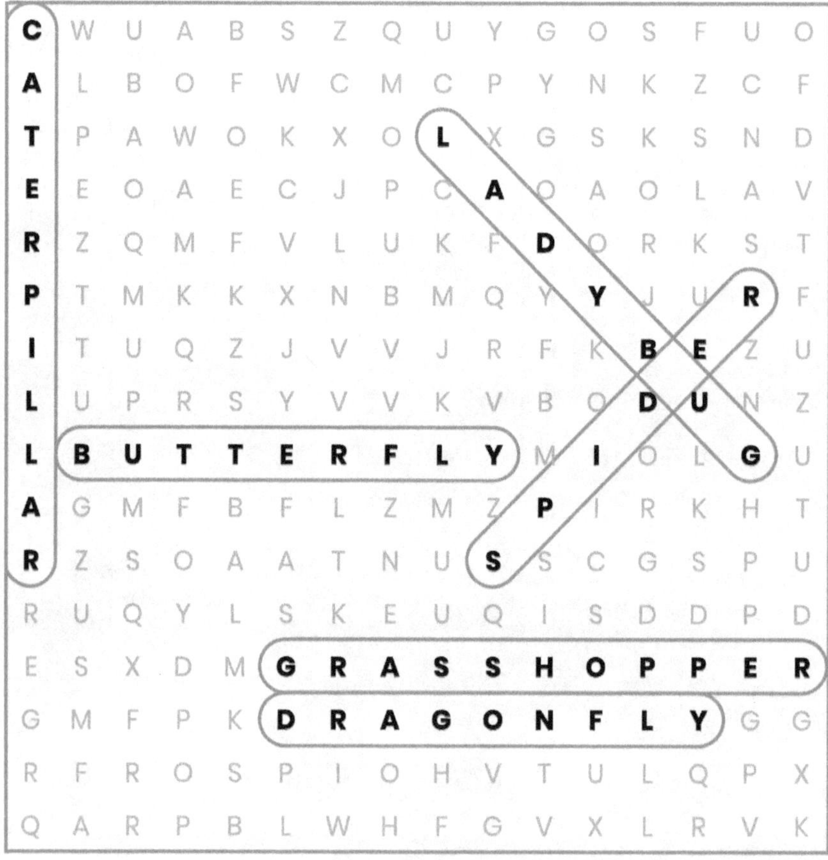

Puzzle Answer-8

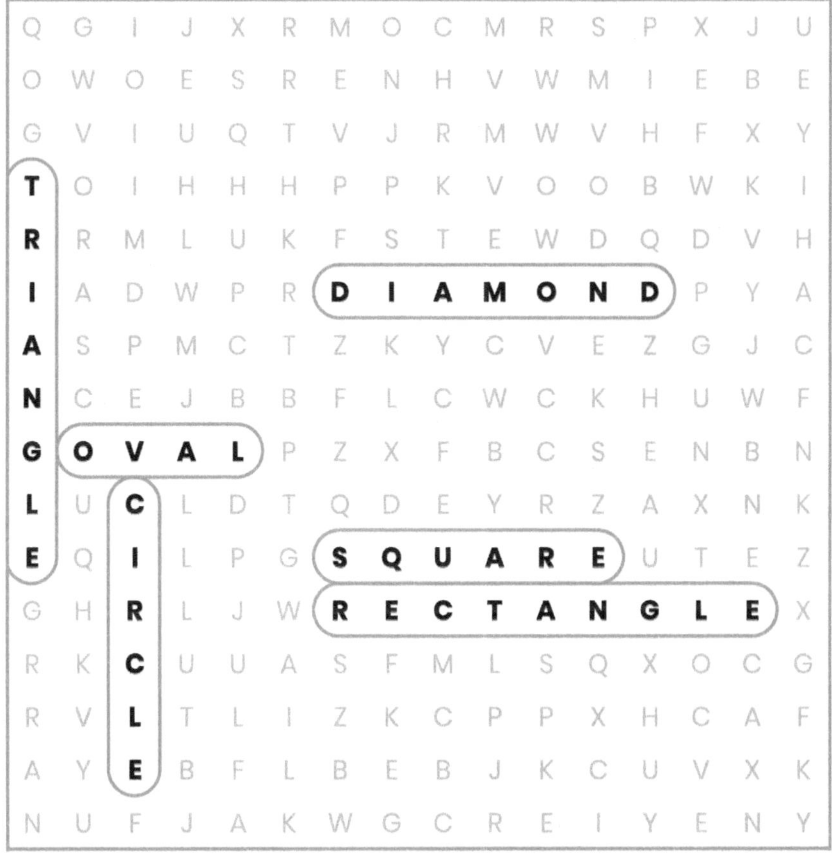

Puzzle Answer-9

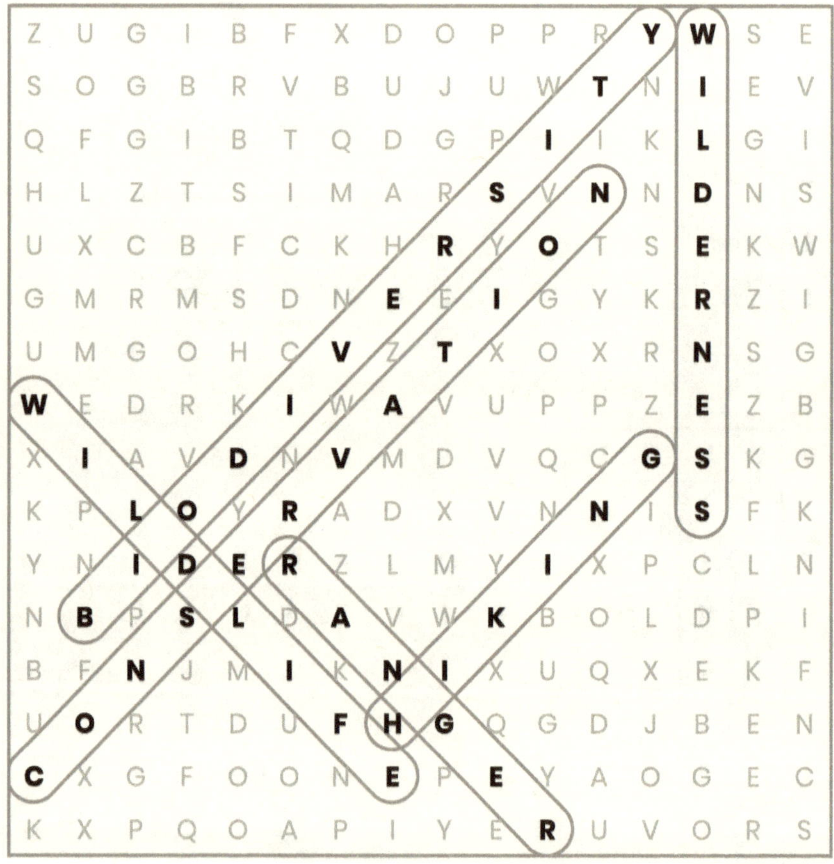

Puzzle Answer-10

A	G	Y	A	N	O	R	D	B	Y	H	W	C	E	L	U
U	M	V	L	V	G	A	M	O	I	Z	A	E	U	W	A
J	M	G	M	B	K	E	Y	P	A	Y	H	F	M	U	M
P	O	S	O	S	R	N	D	Z	N	C	Y	S	S	M	C
S	J	C	N	E	I	O	B	Y	A	H	I	U	I	F	J
F	J	Z	D	V	X	R	C	N	E	Z	P	P	Q	Q	V
C	V	K	S	A	X	Q	I	C	D	M	K	N	T	M	Y
C	G	C	U	T	T	P	U	H	O	L	I	I	B	D	K
A	Y	A	G	U	S	W	H	I	V	L	J	E	M	X	O
R	Q	C	P	G	S	Q	U	L	N	R	I	X	R	D	S
R	O	D	Q	P	U	J	Z	I	E	O	P	V	X	C	F
O	R	P	G	V	L	A	W	W	F	N	A	S	K	G	Y
T	T	H	K	I	G	E	A	B	M	T	Y	M	N	O	A
S	A	S	M	L	Z	M	S	O	M	J	K	S	I	W	D
R	Y	Q	C	A	I	G	F	A	J	M	I	A	L	A	P
L	C	L	J	K	T	R	N	H	P	G	B	C	U	Q	K

Puzzle Answer-11

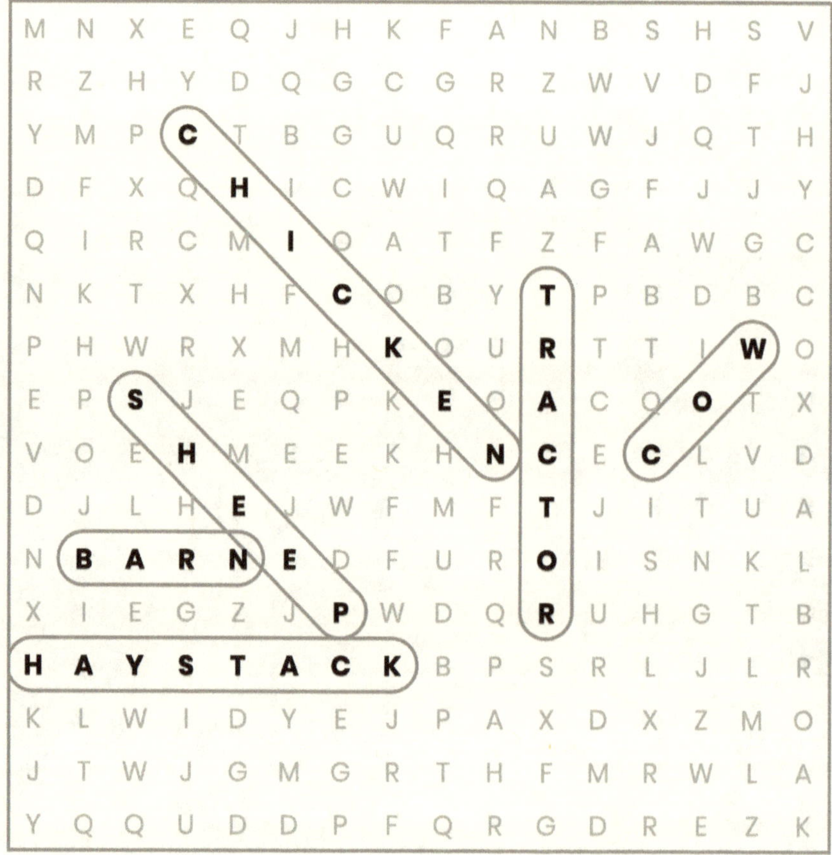

Puzzle Answer-12

Puzzle Answer-13

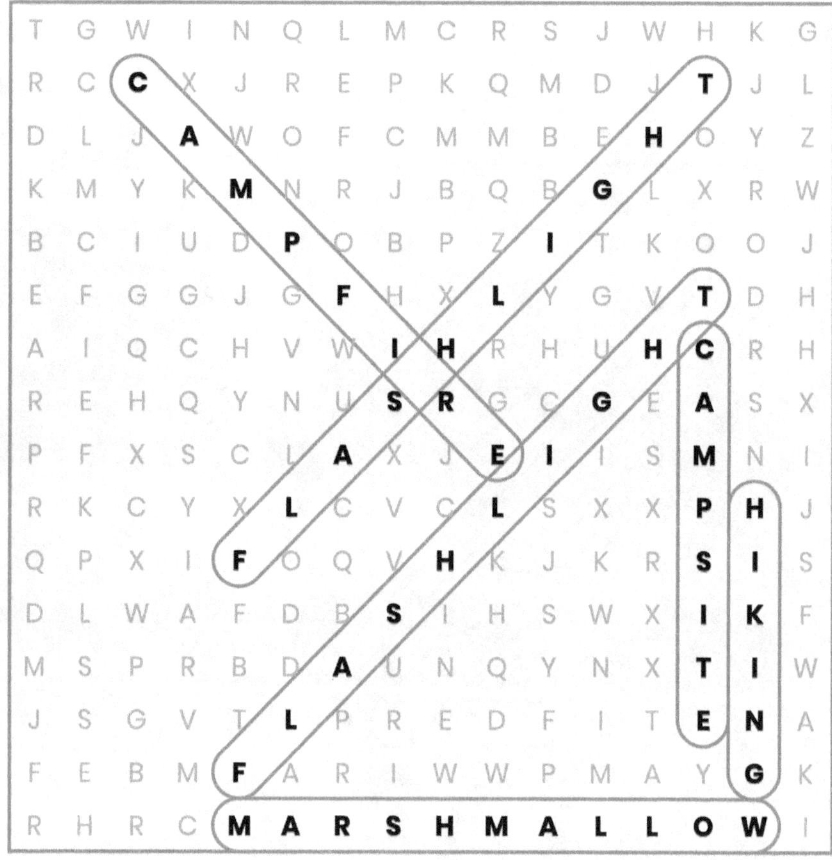

Puzzle Answer-14

O M G S G F L X Q G M J P H C K
U G R T N V O Q U C I G R W A U
E Z O F U Z E B G B X R L K T Z
W I E T N U Y B S U Z A N T E F
E W E U H D S S R T M S P O R I
P K B B A J S E Z T U S L G P B
V A V L B R P D S E B H E B I Y
E U P Y R T I R K R P O X E L S
S D V J G K D A M F K P K S L Z
X J S K M Q E G A L M P X A A J
L Q L O L P X O M Y T E V J R L
A G B T V O X N T T V R C U P U
N W L Z V W M F S S M R Z Y H V
Q F C U X J O L S Z N M E V Y Q
U H O F V Y X Y G Z W J A R R B
K N E R G E V Y A J U Q K C G M

Puzzle Answer-15

Puzzle Answer-16

Puzzle Answer-17

Puzzle Answer-18

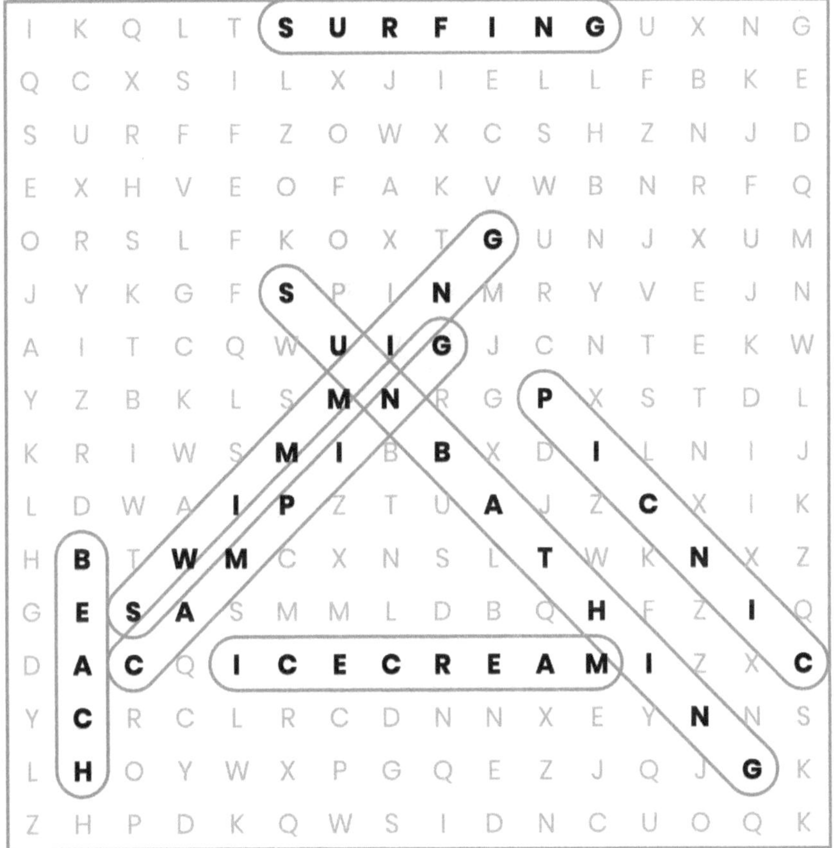

Puzzle Answer-19

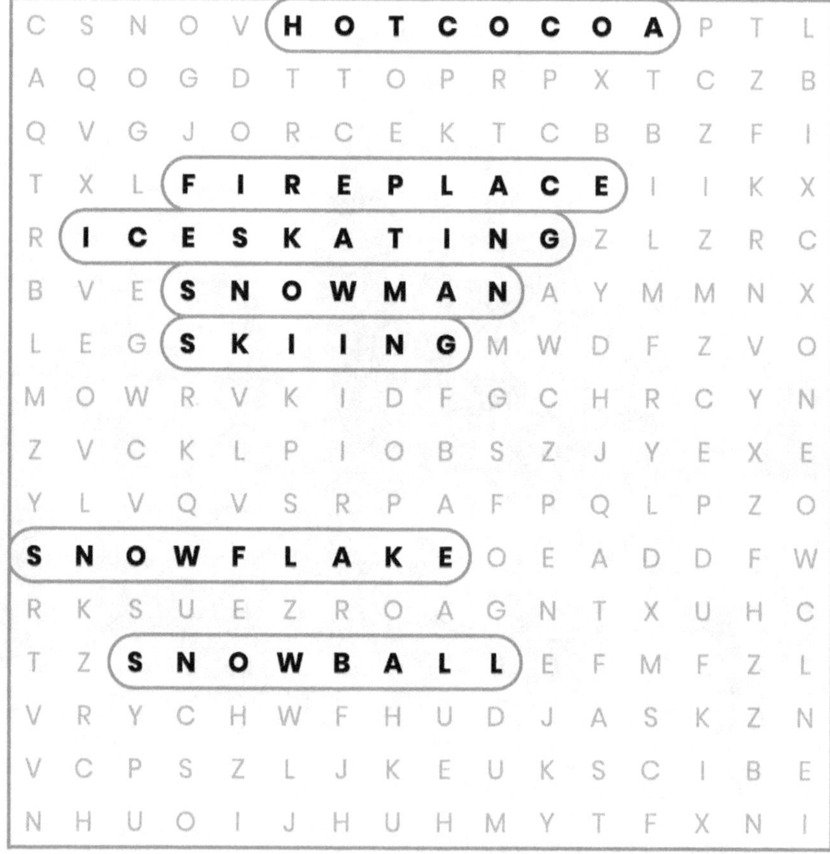

Puzzle Answer-20

K	D	**J**	O	U	D	R	H	U	N	U	O	L	**F**	Y	Z
Y	J	**A**	R	U	Q	V	M	Q	K	Y	B	J	**R**	E	L
O	I	**P**	X	Q	H	H	W	S	H	T	L	S	**A**	G	G
L	E	**A**	D	W	K	C	R	S	**B**	Y	Q	K	**N**	R	F
K	Q	**N**	N	O	P	R	X	C	**R**	O	C	H	**C**	O	M
F	I	T	W	X	X	K	M	Y	**A**	E	D	E	**E**	E	Y
G	L	Q	**A**	G	R	U	X	W	**Z**	T	N	E	J	B	J
G	A	V	E	**U**	T	V	W	V	**I**	Q	U	N	P	N	G
Y	H	R	U	E	**S**	C	J	I	**L**	N	F	C	B	C	W
K	G	B	J	**C**	A	**T**	Q	Y	G	G	V	S	X	**C**	A
K	O	C	W	**H**	S	N	**R**	R	S	N	U	H	M	**A**	E
J	F	A	F	**I**	E	D	I	**A**	C	P	X	J	U	**N**	Y
E	S	R	X	**N**	A	T	R	L	**L**	N	T	I	S	**A**	R
U	B	E	U	**A**	A	P	B	G	M	**I**	T	U	Z	**D**	X
G	W	P	C	J	Y	U	Q	U	C	Q	**A**	K	M	**A**	A
C	V	U	J	Y	C	L	N	Q	X	W	H	C	F	F	S

Puzzle Answer-21

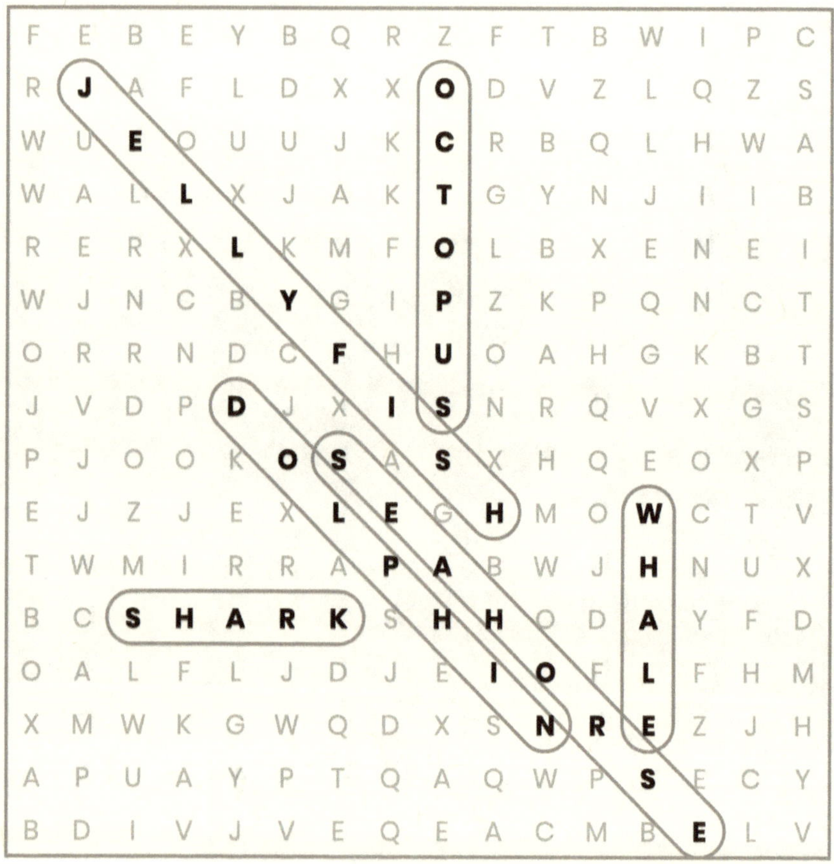

Puzzle Answer-22

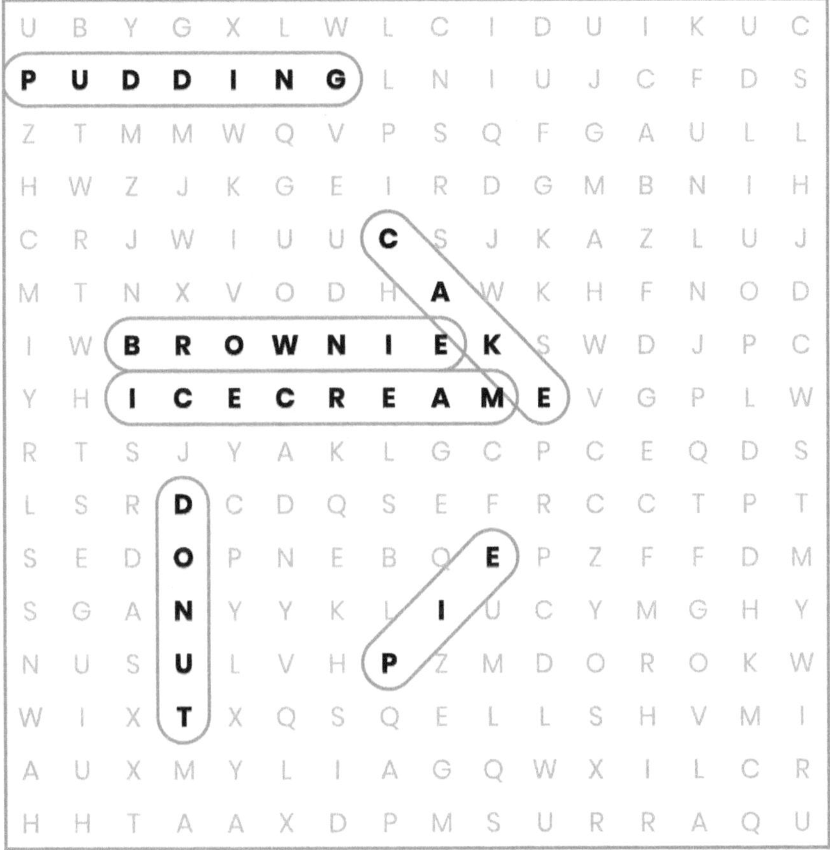

Puzzle Answer-23

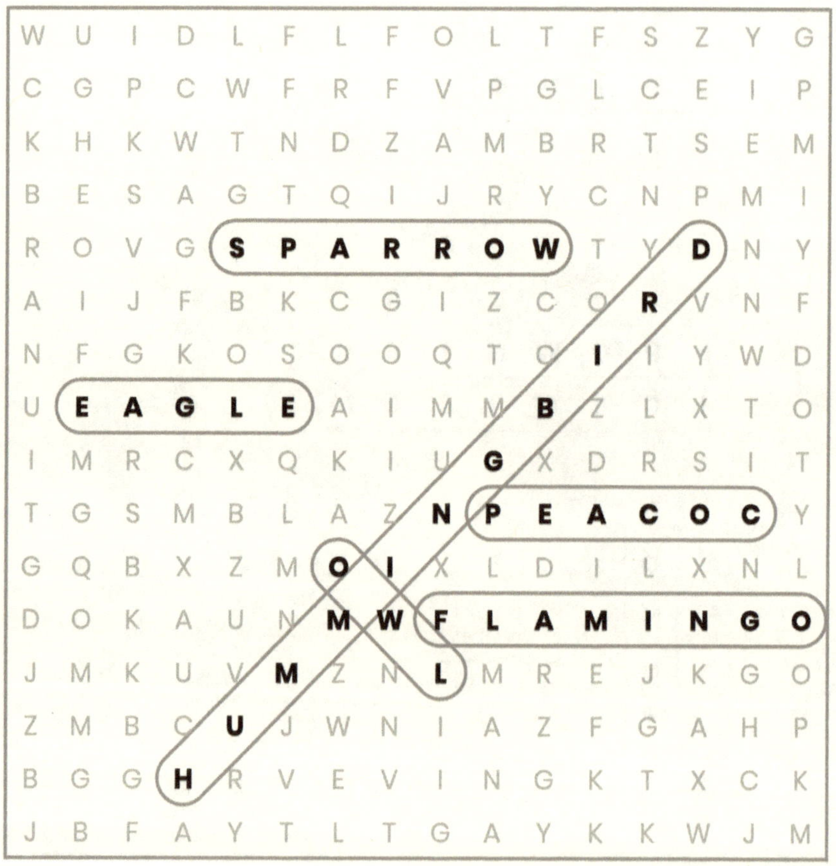

Puzzle Answer-24

K P C Z D D R D V D I X E Y O V
G Y R L C E P F K M V C P T Y H
A R X B T O Y R A X H D Y K C Y
G O H A O M O E U T Q V F Y G L
V F L J O F D C F O T O M M O H
D P F Q B O K C J A Y T Y J S Z
I C F X T W E Q X S V O W C G G
G B I K G L G R K T S I X U M Z
R L T V E K E T K E P H L W A Q
P U Q O C D O W E R O T K D J E
O J I T N T W H B X O O N J A V
H H I E M F L A Z H N I I M P E
E R L W V Y W Z B I T I F C R N
C B F B P C G K R Q T F E H W T
E K E S P H N O L D W Y E U J G
I D C F O H L B M U U M X J J Z

Puzzle Answer-25

E P N D G M W E N A U X L V M U
L G E G R S P E U X J H W T P G
S F Z U V V R R D D W T I Q T J
T J **F R I E N D** I E A I I D M G
C R E I R H I N E J Q Z M **R** I J
C N Q Z M **P R E T E N D E** A K B
C B F H O N U N N P D **M** M O K G
L T B **E N E M I E S R** R S V J N
X K **D** V N B T C V **A** A B B U U S
B C N **E** T K D Q **F** A G E Z K X V
S N J M **E** Z **C R O W** T T I W C O
L A U Y E **R** X Y Z Q V U H K D L
D B R J U Z A Z K L N T S Y R F
H B V A A X G O **F A L S E** N Q V
V R P G J R U O L M R V D F B Q
D D W I A N Z E L N V I U I O K

Puzzle Answer-26

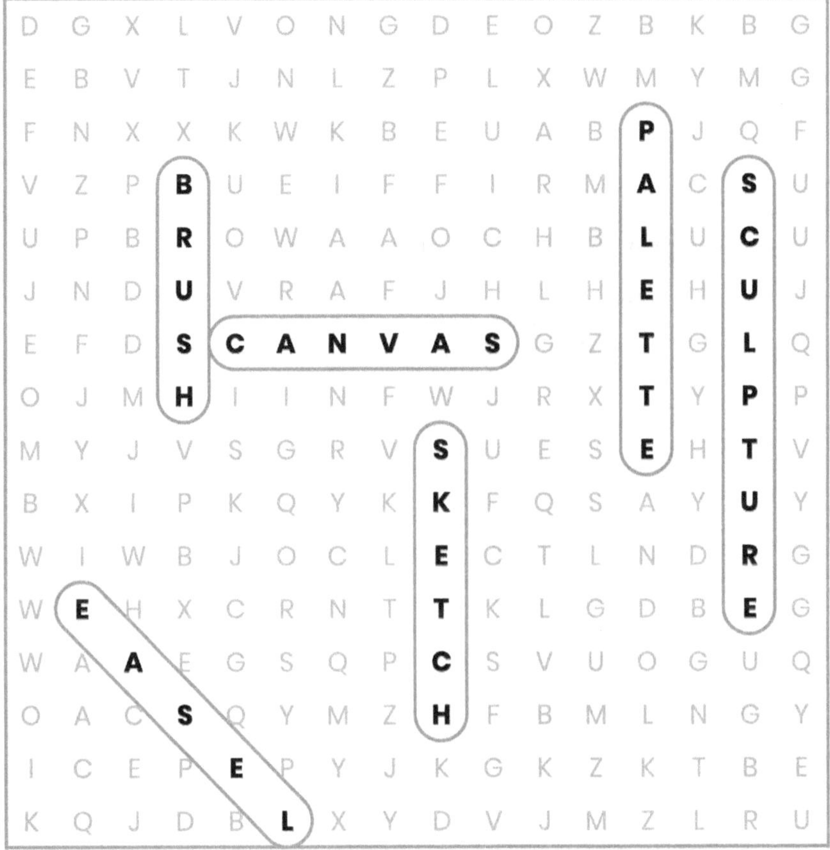

Puzzle Answer-27

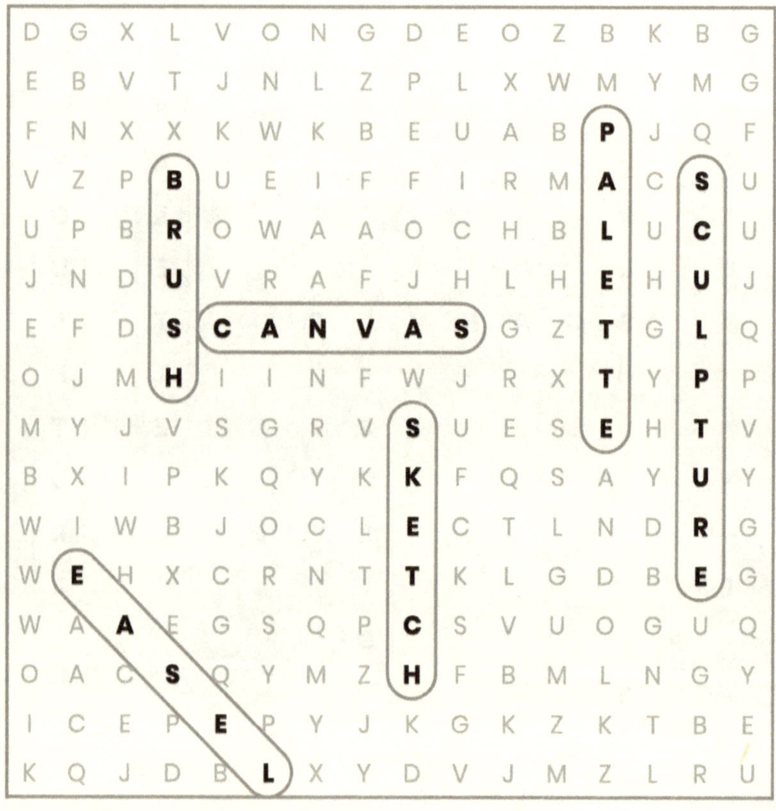

Puzzle Answer-28

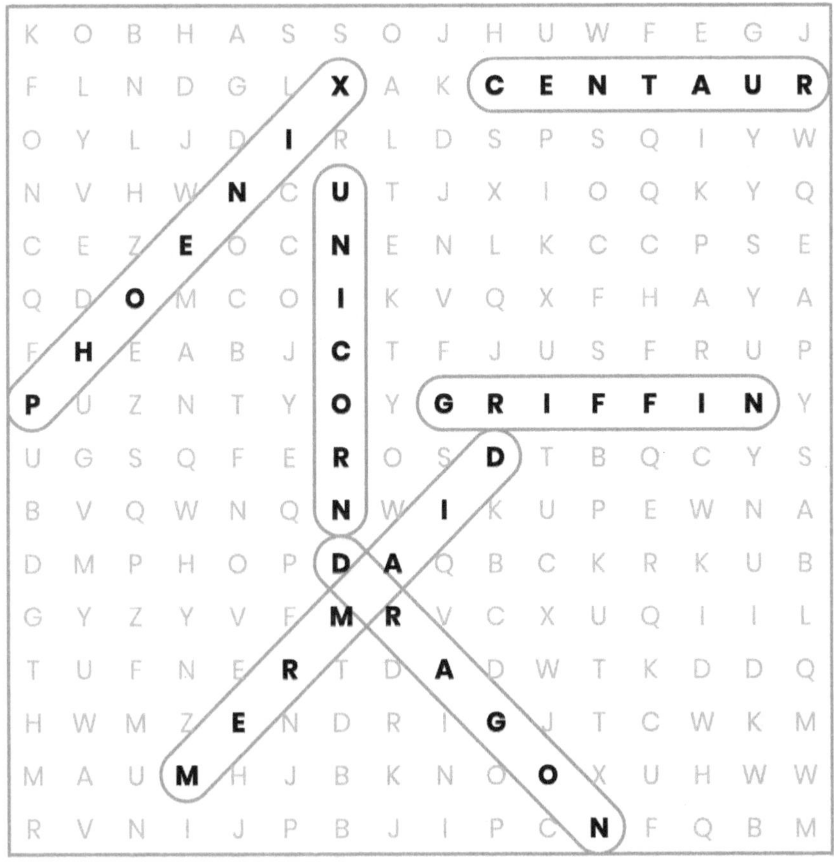

Puzzle Answer-29

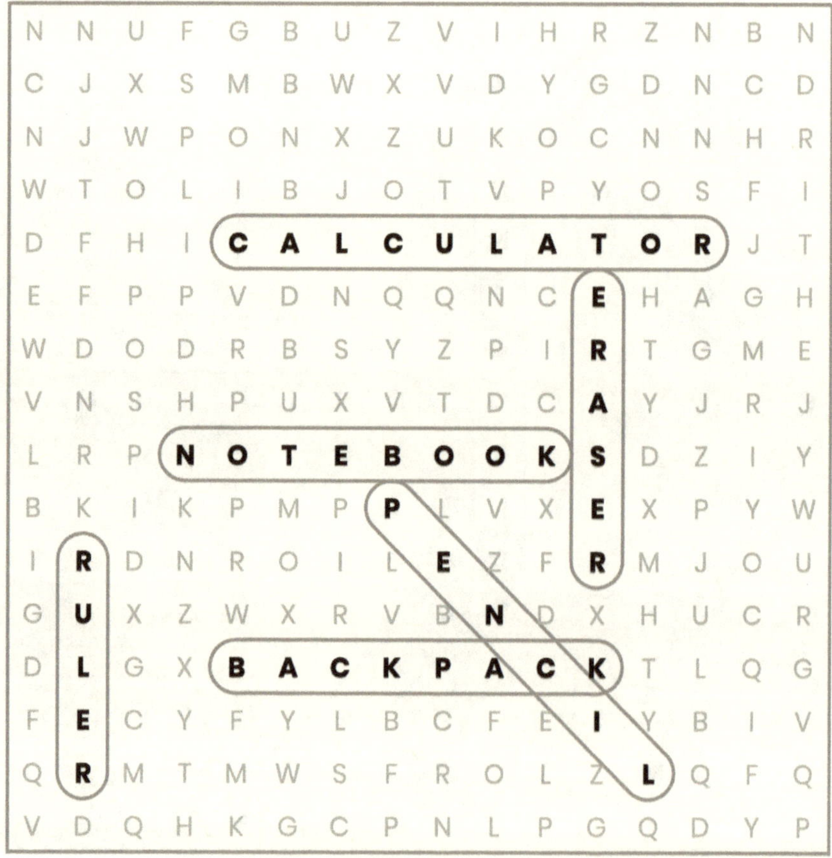

Puzzle Answer-30

T	E	Y	N	J	W	L	N	**T**	**A**	**U**	**R**	**U**	**S**	E	A
J	B	J	Q	C	V	B	B	Z	J	H	Q	V	D	J	H
C	I	T	H	K	L	U	K	I	L	S	I	G	T	Q	R
R	B	G	I	R	L	L	C	C	C	B	V	Z	G	N	Y
O	M	I	R	D	M	C	H	X	W	P	A	L	G	E	A
D	Y	Z	T	B	J	A	T	P	Z	U	C	F	M	R	Z
I	B	J	Y	V	**G**	P	W	V	E	R	**S**	Z	C	A	X
I	E	L	E	D	**E**	E	F	H	N	**E**	P	M	Z	M	N
C	V	W	X	O	**M**	X	I	Y	**I**	D	Y	O	N	E	I
N	B	Z	S	W	**I**	F	Z	**R**	F	Y	V	C	L	K	V
W	M	Q	L	U	**N**	M	**A**	D	E	V	L	M	V	Y	M
R	E	C	N	T	**I**	B	D	E	M	Z	X	A	N	W	R
N	Y	D	B	Q	S	W	T	Q	U	N	**L**	**E**	**O**	Z	M
B	C	K	H	E	**C**	**A**	**N**	**C**	**E**	**R**	N	H	H	K	P
Q	**V**	**I**	**R**	**G**	**O**	I	I	D	S	T	C	P	L	K	K
A	S	K	Y	B	I	K	N	T	D	Q	G	C	U	L	S

Puzzle Answer-31

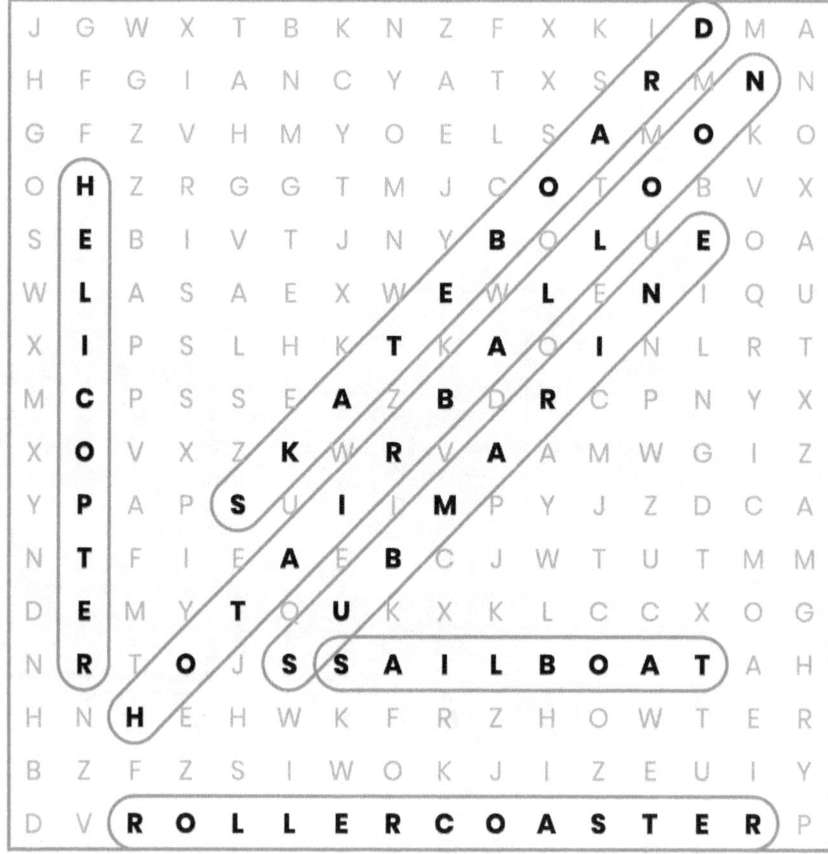

Puzzle Answer-32

F	V	A	R	O	N	Y	S	L	X	P	J	N	N	C	O
Z	V	C	L	**C**	X	V	V	C	W	J	I	S	E	Q	C
N	K	K	H	**O**	S	M	J	H	H	H	D	C	L	Y	A
Z	K	D	L	**M**	C	D	X	X	U	Q	H	K	Z	M	E
B	K	P	N	**P**	**I**	U	G	U	M	I	T	S	W	F	A
J	S	G	J	**U**	**N**	M	C	P	G	C	L	X	F	R	G
A	C	H	E	**T**	**T**	V	T	I	Z	**T**	Z	J	C	X	P
B	X	J	C	**E**	**E**	B	C	S	**E**	V	F	U	Y	S	R
Y	E	W	T	**R**	**R**	B	X	**L**	P	V	U	C	U	P	M
F	R	J	D	V	**N**	K	**B**	J	**M**	P	Y	H	P	L	K
U	W	C	T	R	**E**	**A**	L	O	O	**O**	E	B	L	W	M
O	Z	J	M	A	**T**	W	I	P	J	Q	**U**	T	R	E	W
T	J	D	W	G	J	A	R	K	N	L	K	**S**	J	H	U
W	V	R	D	R	R	N	W	R	E	R	G	X	**E**	G	X
H	K	U	H	Y	**S**	**M**	**A**	**R**	**T**	**P**	**H**	**O**	**N**	**E**	H
V	**K**	**E**	**Y**	**B**	**O**	**A**	**R**	**D**	O	N	R	C	P	H	H

Puzzle Answer-33

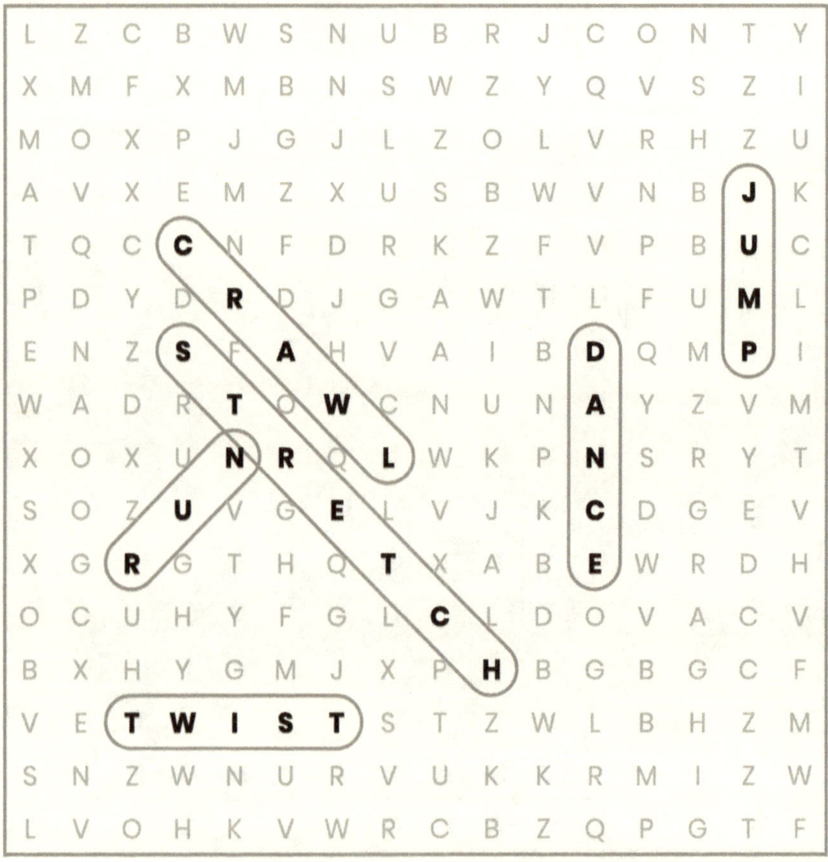

Puzzle Answer-34

B P W X B V M F N U N Z L X V **S**
Y V J S G E C **E** B E L F Z P **U** S
W P C N Z U **L** F I S U H X **P** J B
L E D E E **A** Q B P O V A **O** K Y K
M C T L **H** G T X D A K **T** F S F E
Y X A **W** M Q **K** L V P **C** V P O F X
T M K U N **R** T N A **O** C K U M M Z
D Y C B **A** U N T O H O R G E K X
A E D **H** J X U Z I Q I Q B G **N** S
D X **S** J **J** **E** **L** **L** **Y** **F** **I** **S** **H** **I** K R
I R B A E C Z S C R U J **H** K H F
J Y C Y S K Y L S A S **P** N G H Z
M A K D V V J P M S **L** E T X Y X
S A D B Y J W O Z **O** U Q H H D G
K N F A V O I Q **D** T X B I W Q X
Z W L C **S** **E** **A** **H** **O** **R** **S** **E** C X X N

Puzzle Answer-35

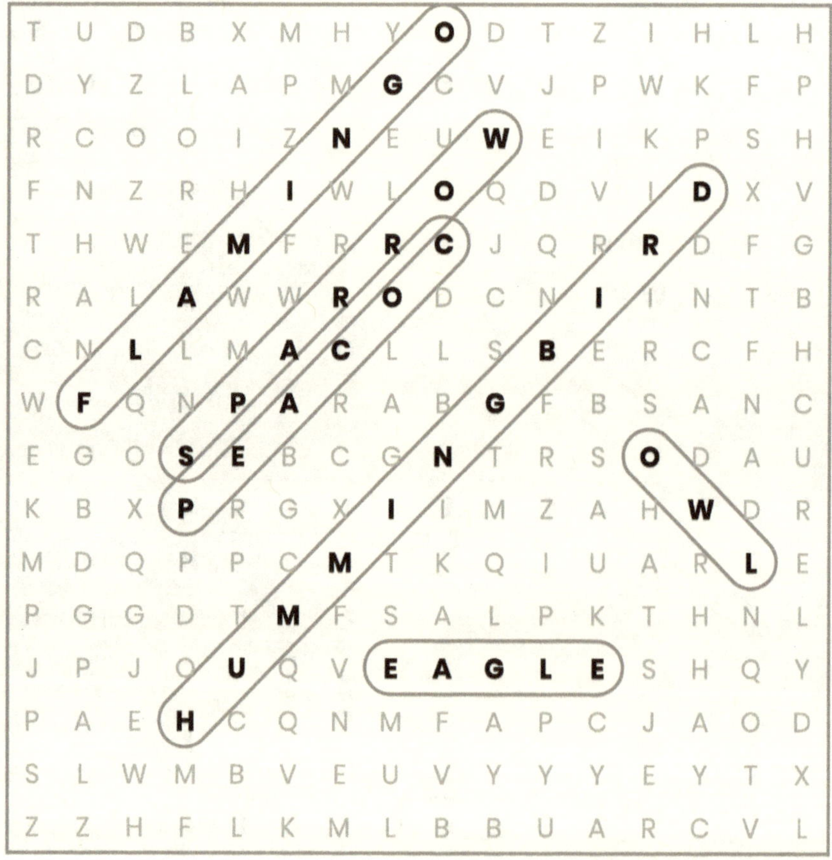

Puzzle Answer-36

U	H	T	V	M	G	B	O	S	P	T	R	W	A	F	Y
Y	G	O	F	T	S	H	Z	Z	F	M	N	D	K	P	B
K	X	S	G	**P**	U	G	H	V	X	K	K	S	R	V	L
K	L	J	D	**L**	D	T	V	Q	N	V	F	S	L	I	I
F	I	M	R	**A**	L	S	W	P	O	O	B	S	L	W	S
H	T	Q	Z	**T**	R	B	G	**R**	X	A	U	C	Q	C	D
D	H	S	F	**E**	O	D	**E**	X	F	G	N	F	C	M	I
K	V	M	L	P	**F**	**D**	C	Z	B	G	G	I	B	C	G
H	X	C	P	G	**N**	**O**	V	**T**	**O**	**A**	**S**	**T**	**E**	**R**	L
W	U	M	Y	**E**	E	J	**R**	H	**S**	X	O	P	S	J	Z
S	X	A	**L**	A	**K**	I	I	**K**	U	**P**	C	T	R	G	Q
Y	Y	**B**	S	G	I	**N**	L	A	V	Y	**O**	Z	Q	C	N
Z	F	K	I	L	Z	M	**I**	E	H	S	A	**O**	J	H	V
Z	W	B	F	S	L	V	U	**F**	C	E	V	P	**N**	J	O
C	B	O	V	Z	X	P	S	F	**E**	N	U	G	P	A	K
R	X	F	A	W	Y	X	D	U	Q	C	G	O	E	R	G

Puzzle Answer-37

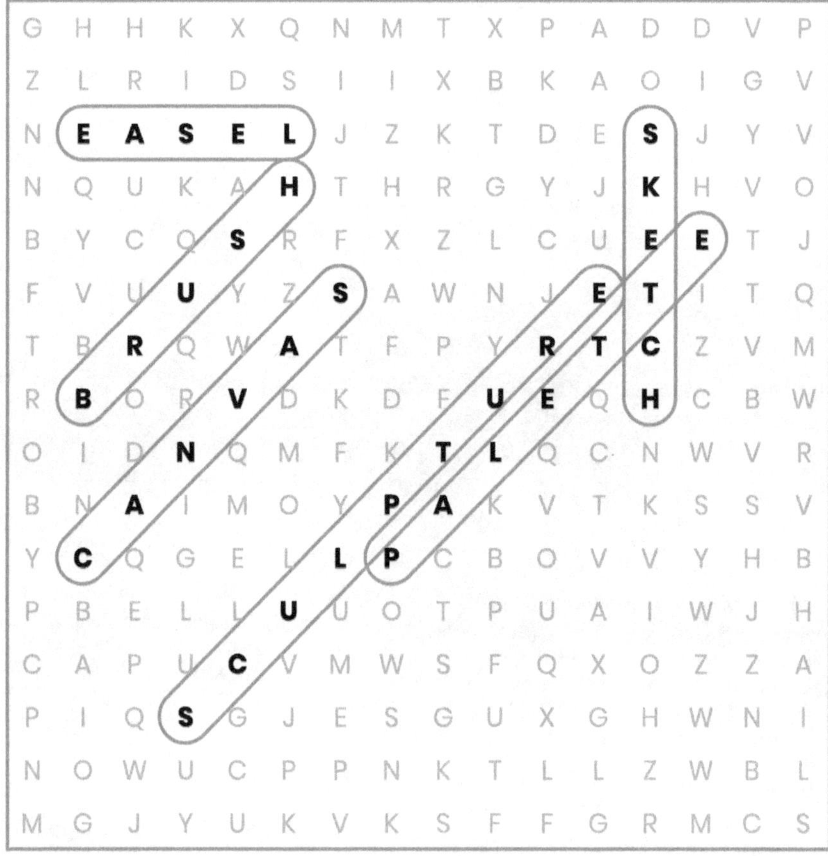

Puzzle Answer-38

R Z Q D R I E Q A L G A O M K R
X I Q O Q O C W X X A A Y L I H
Q X X N H C A G F X S X C Z D B
B F X Y S T K M S U S F A I L I
T J P Z L O Z K Z B Q X D U D V
L Q E F G P A S B P T T O O A G
E S H L F U D J H H E V L U N T
E Y E S L S X K U E Y P P I L K
P V X A C Y T Z F N Z G H F I V
J R E D H N F T Z D C M I Z X W
P H L M W O Z I H Q K C N R F C
G X T Q H S R F S R I B J N F B
J O Y L A T S S A H M Z Z W Y J
S Y U P L I T H E N N W Z G A A
S K A O E O S A V X U I M X M P
J X V R L J Y H X V X H R N M U

Puzzle Answer-39

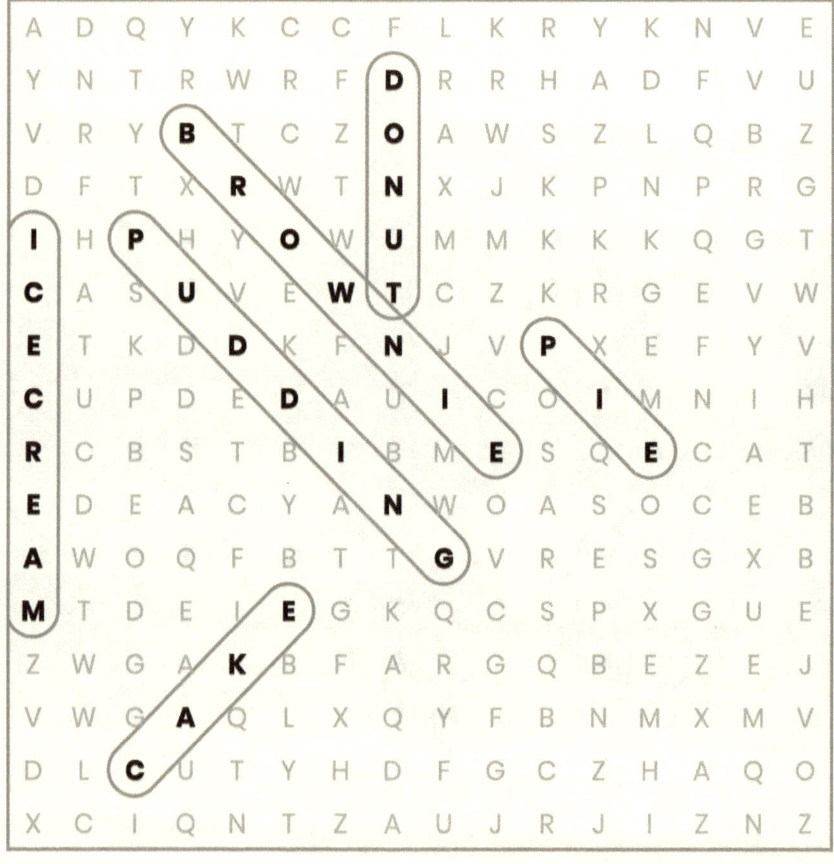

Puzzle Answer-40

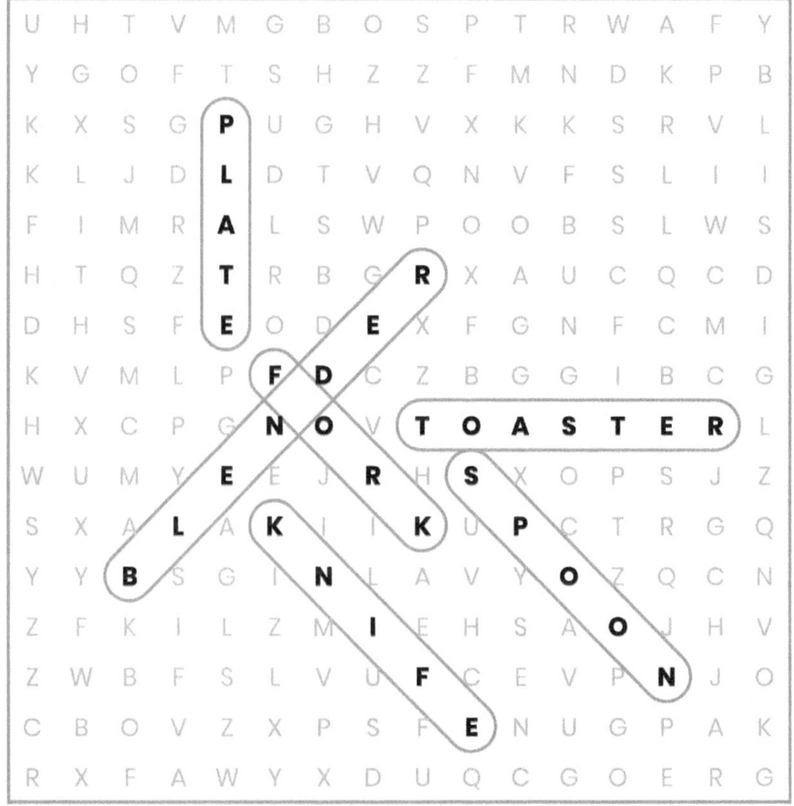

Puzzle Answer-41

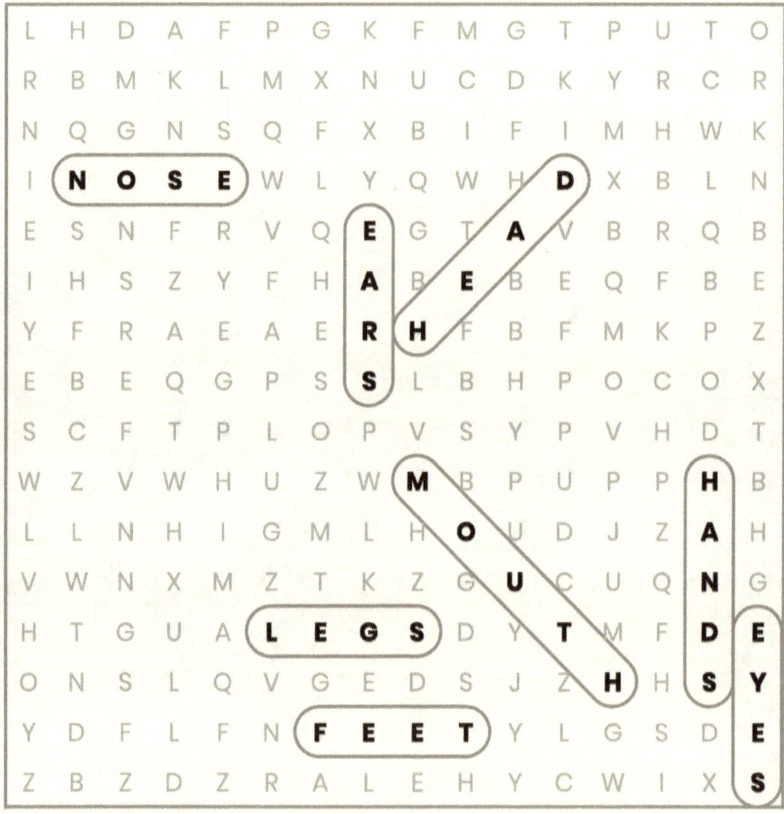

Puzzle Answer-42

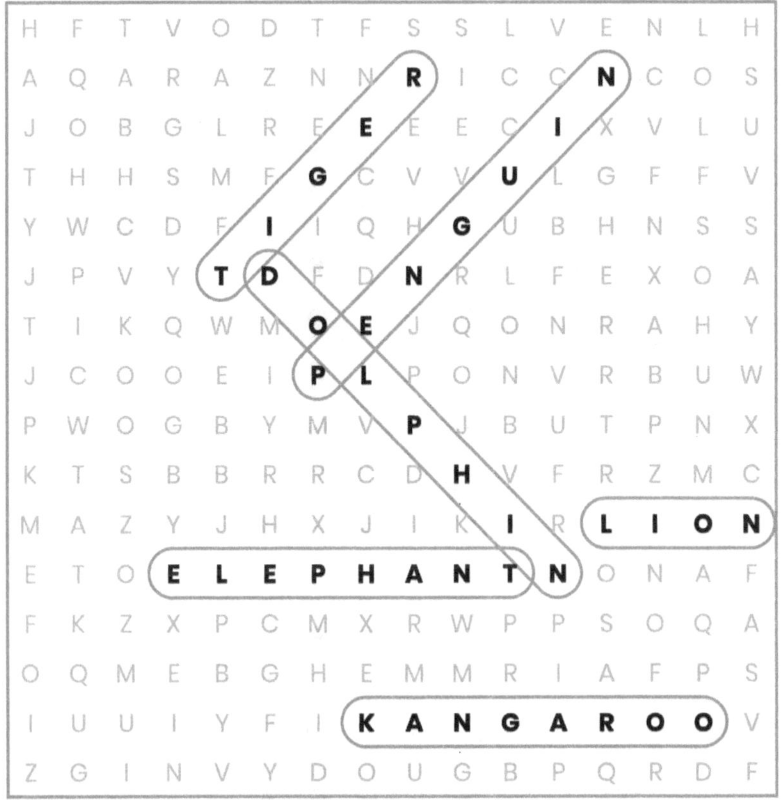

Puzzle Answer-43

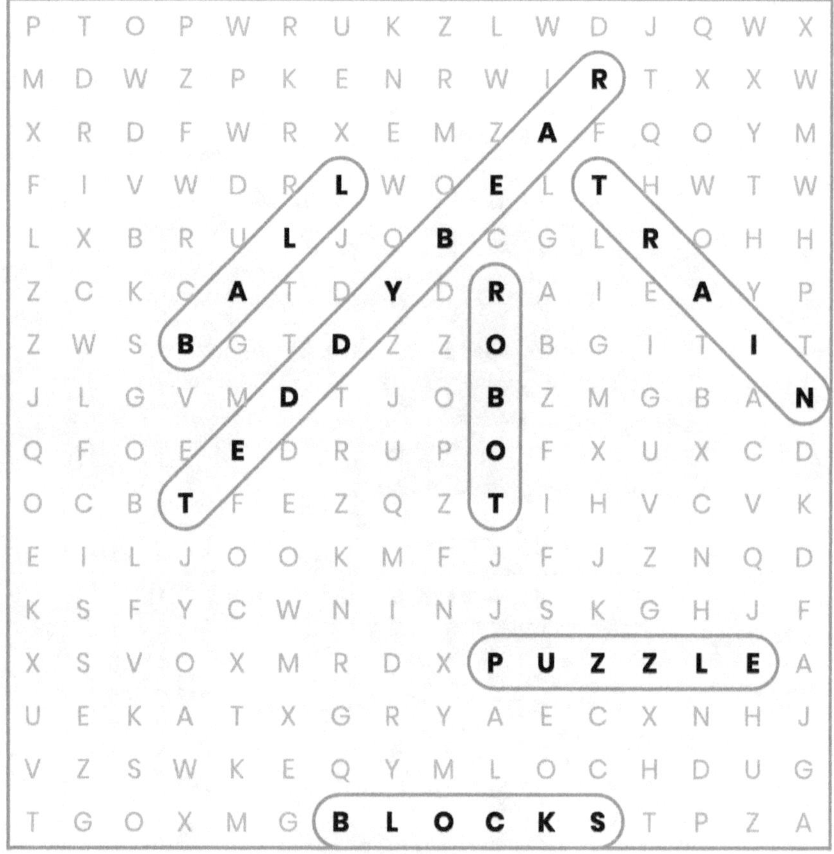

Puzzle Answer-44

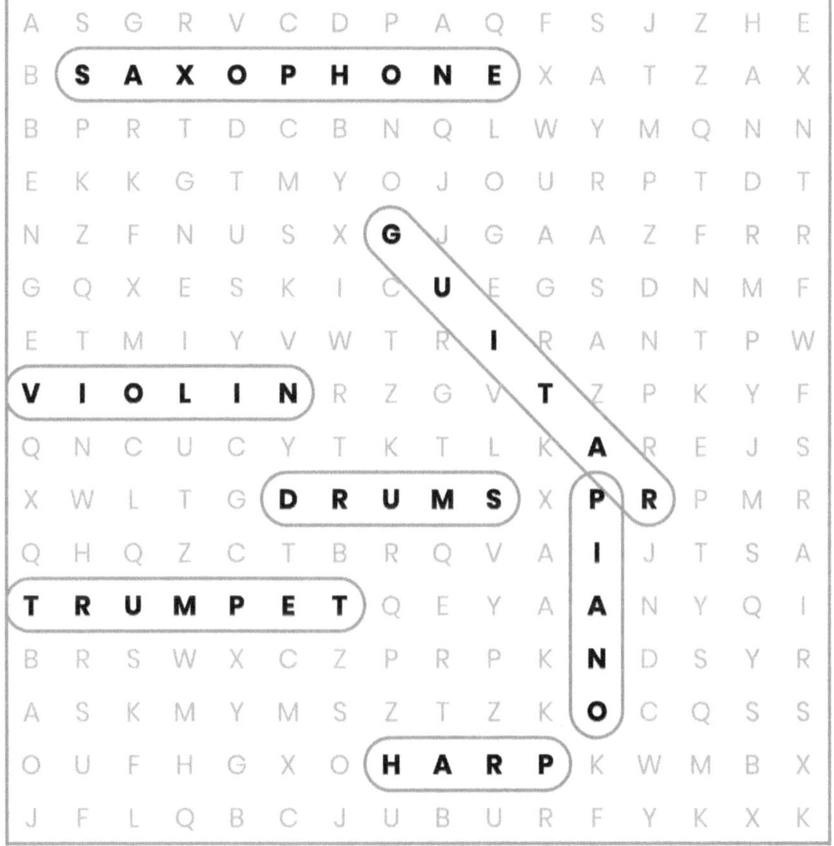

Puzzle Answer-45

Puzzle Answer-46

B P W X B V M F N U N Z L X V **S**
Y V J S G E C **E** B E L F Z P **U** S
W P C N Z U **L** F I S U H X **P** J B
L E D E E **A** Q B P O V A **O** K Y K
M C T L **H** G T X D A K **T** F S F E
Y X A **W** M Q **K** L V P **C** V P O F X
T M K U N **R** T N A **O** C K U M M Z
D Y C B **A** U N T O H O R G E K X
A E D **H** J X U Z I Q I Q B G **N** S
D X **S** J **J** **E** **L** **L** **Y** **F** **I** **S** **H** **I** K R
I R B A E C Z S C R U J **H** K H F
J Y C Y S K Y L S A S **P** N G H Z
M A K D V V J P M S **L** E T X Y X
S A D B Y J W O Z **O** U Q H H D G
K N F A V O I Q **D** T X B I W Q X
Z W L C **S** **E** **A** **H** **O** **R** **S** **E** C X X N

Puzzle Answer-47

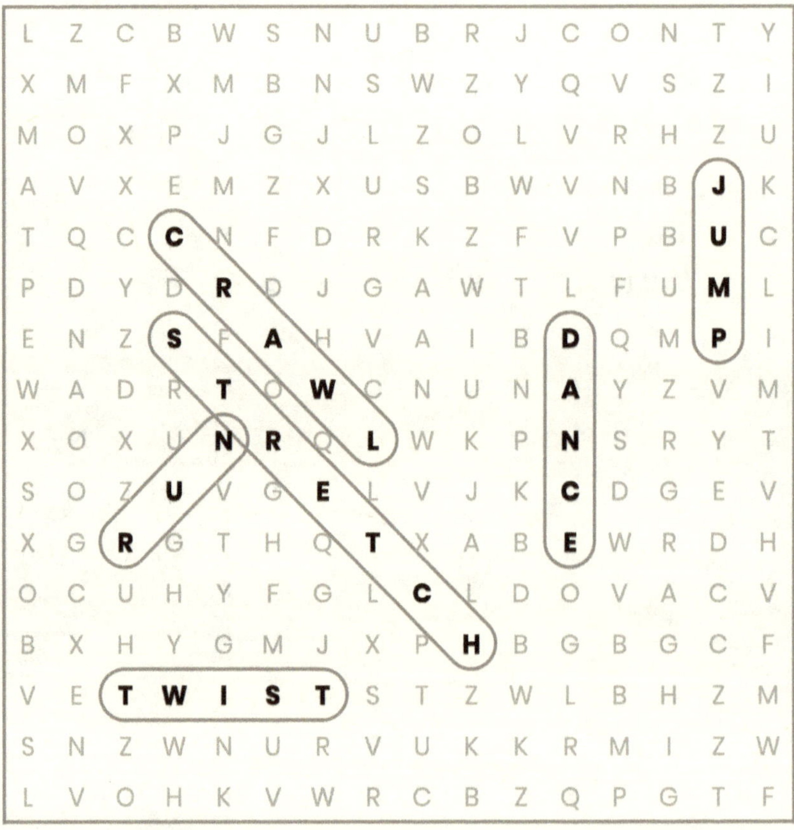

Puzzle Answer-48

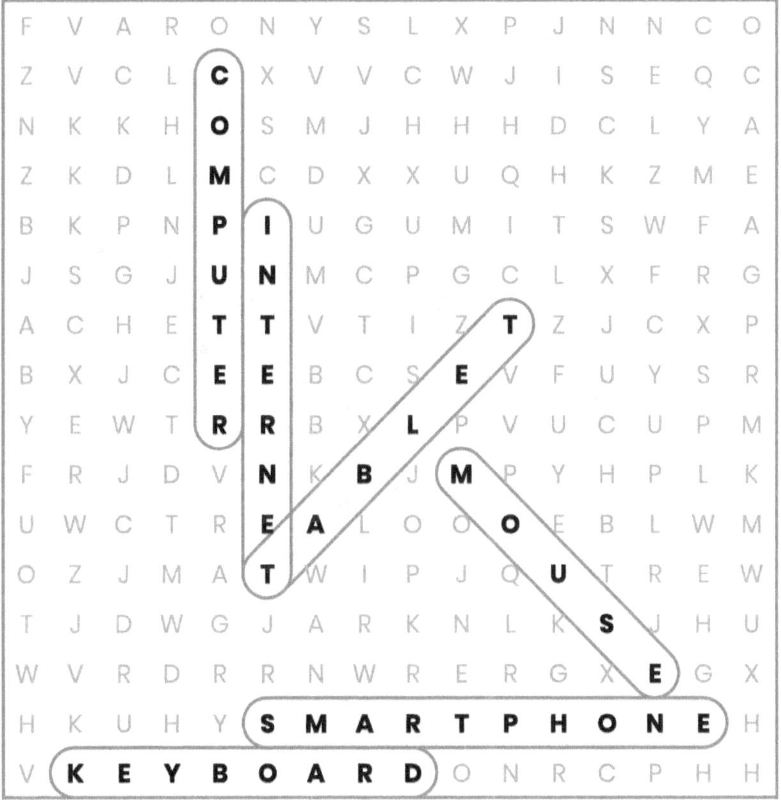

Puzzle Answer-49

Puzzle Answer-50

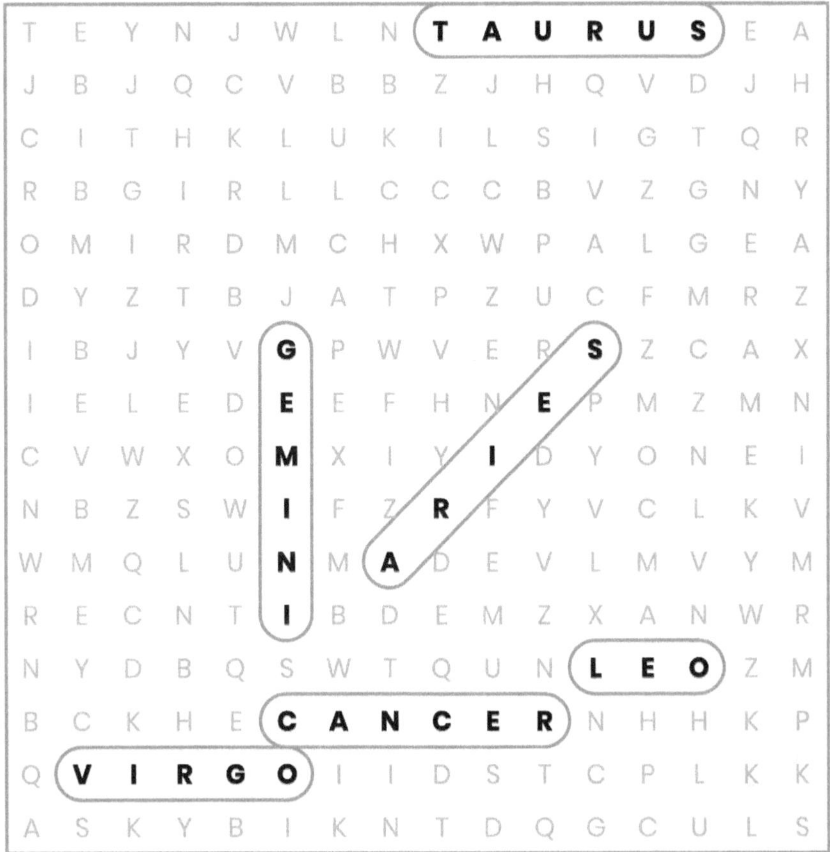

Puzzle Answer-51

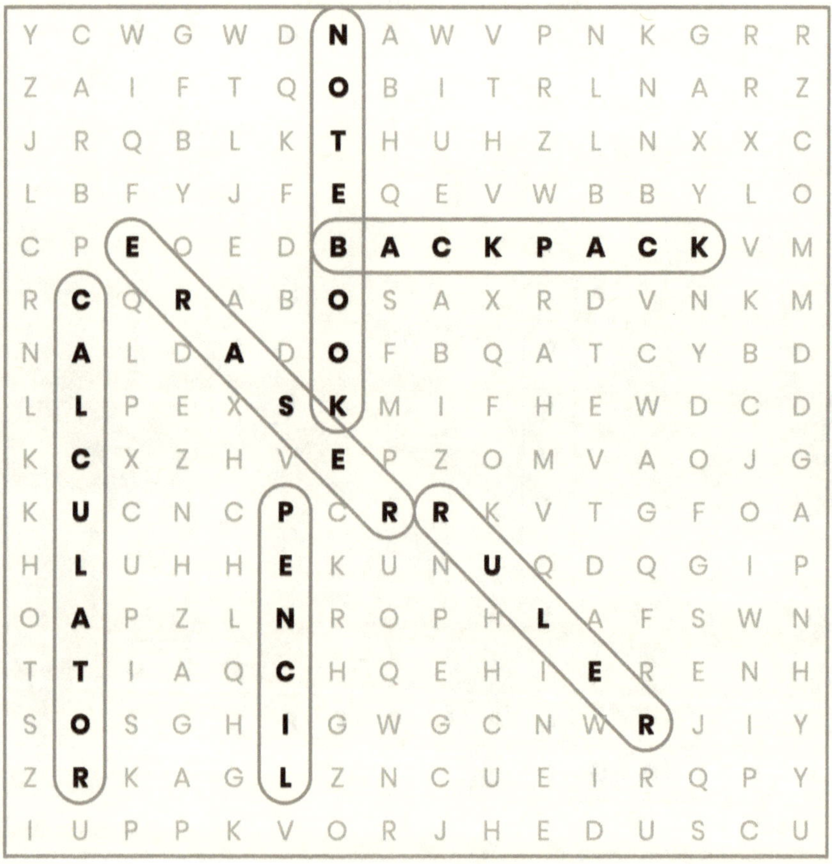

Puzzle Answer-52

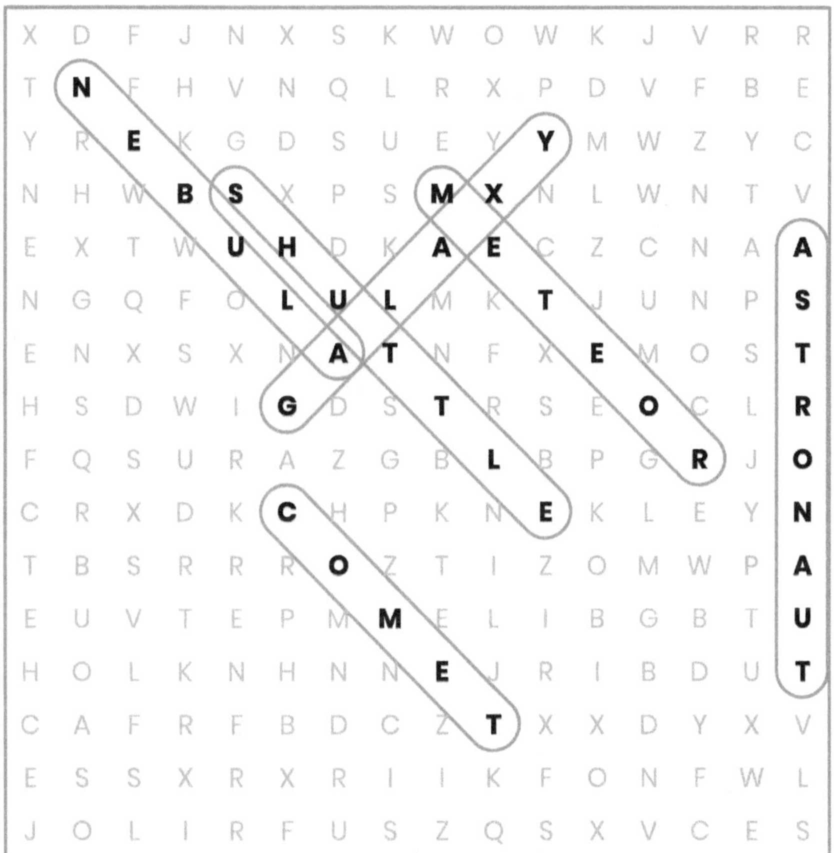

Puzzle Answer-53

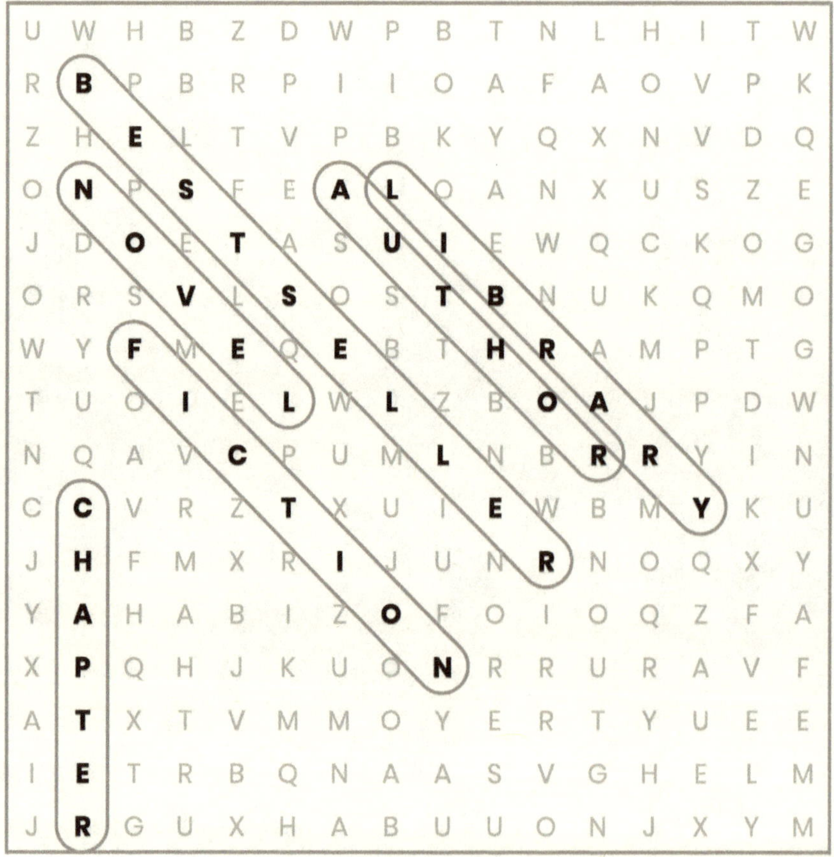

Puzzle Answer-54

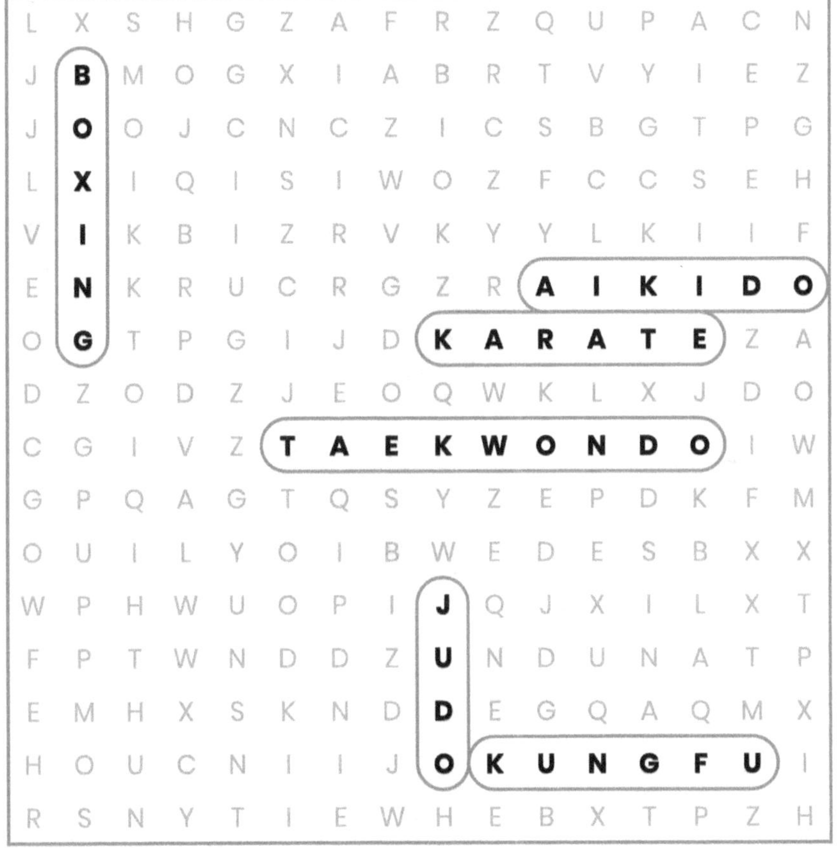

Puzzle Answer-55

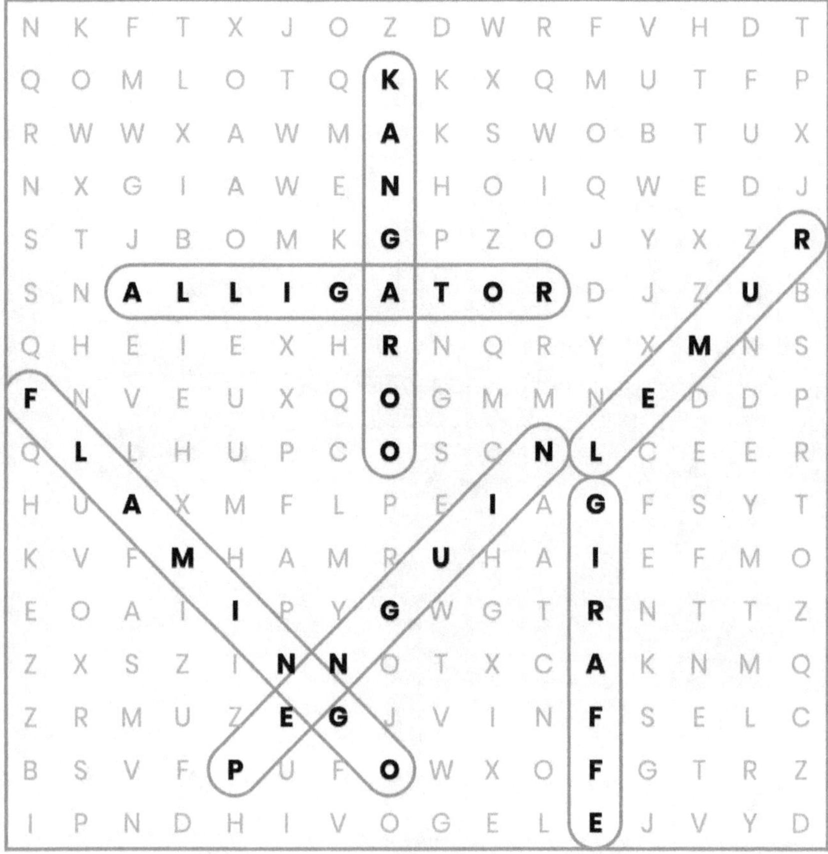

Puzzle Answer-56

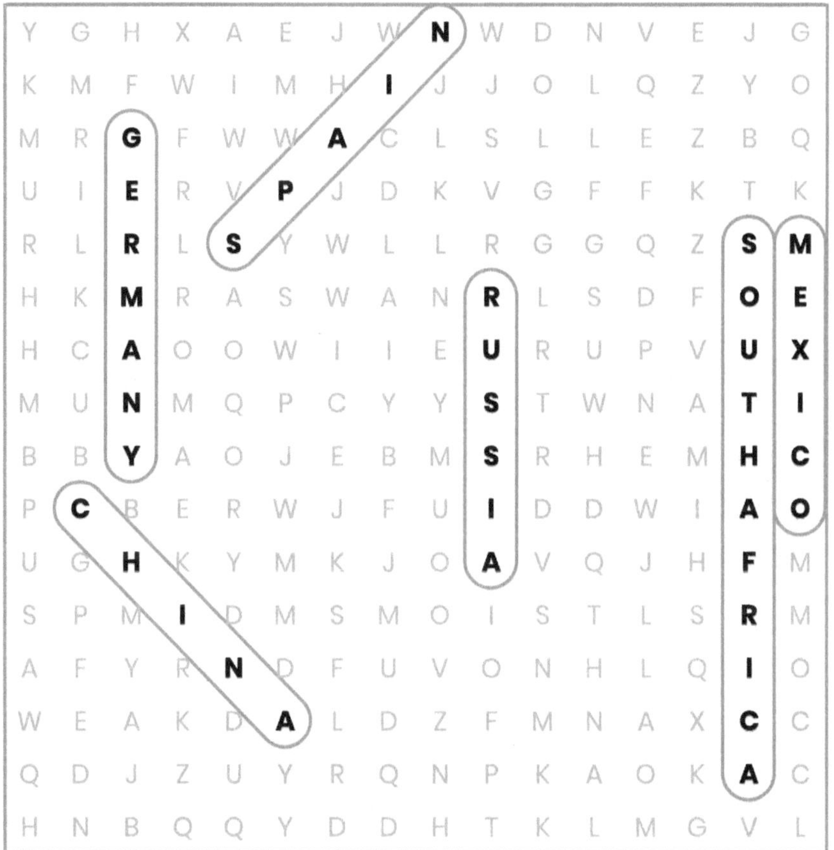

Puzzle Answer-57

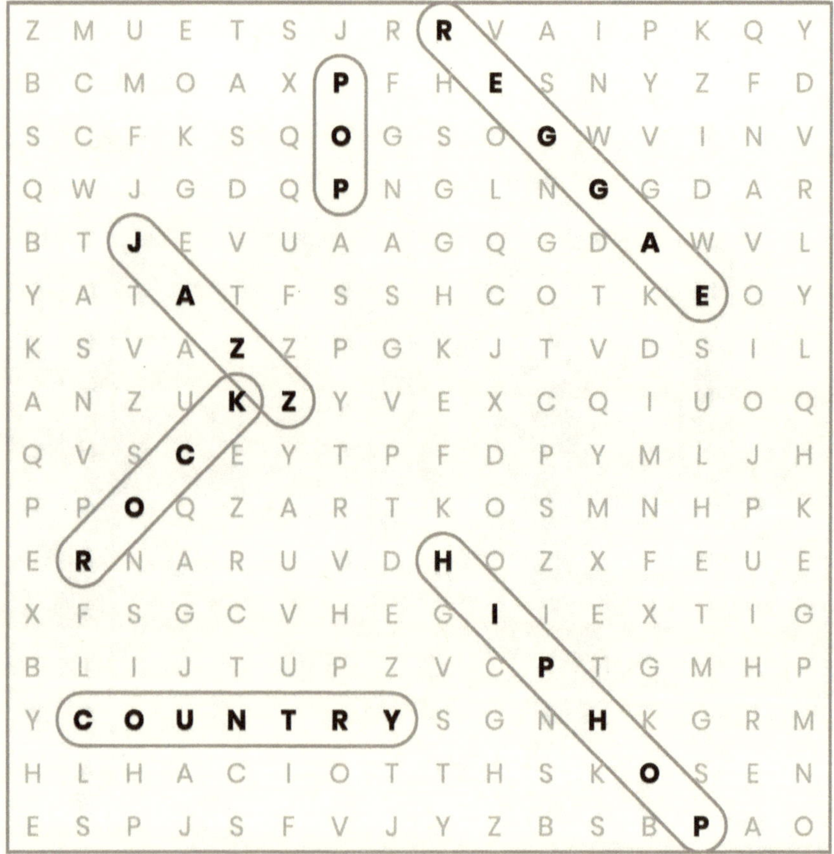

Puzzle Answer-58

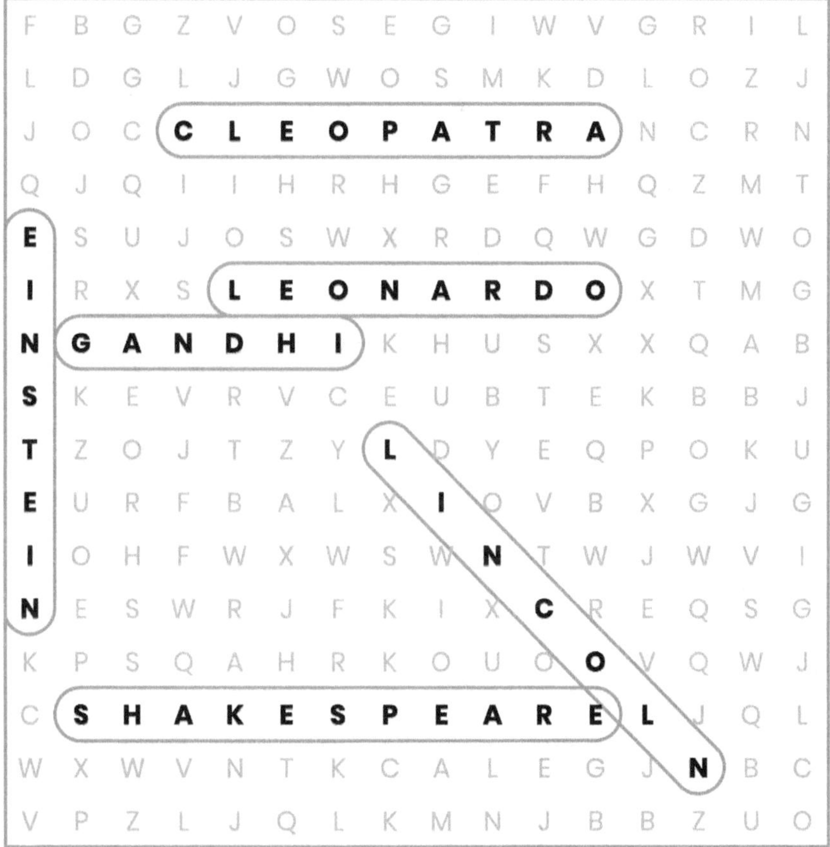

Puzzle Answer-59

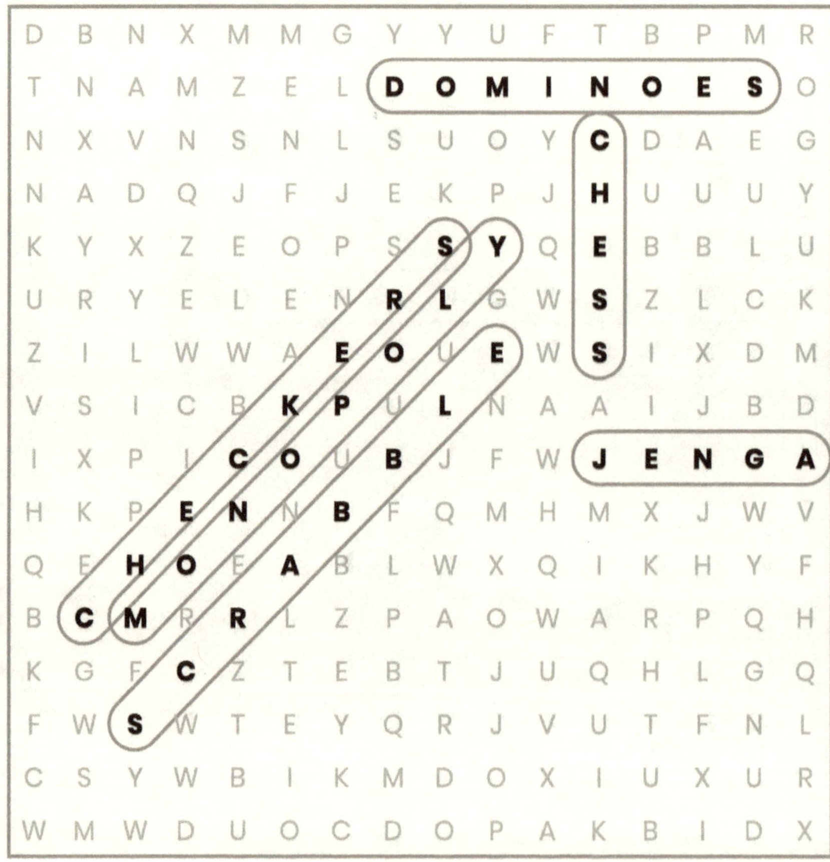

Puzzle Answer-60

B	O	C	U	I	O	H	T	Z	O	R	M	Q	J	S	E
O	L	S	O	Y	Q	J	N	I	I	Z	K	I	**R**	Z	H
T	A	U	E	M	A	T	V	R	G	S	R	G	**E**	E	X
Z	T	T	E	E	J	O	Q	G	U	**M**	D	S	**F**	W	A
Z	W	R	K	R	D	I	O	C	F	**I**	P	D	**R**	C	M
R	**B**	N	F	J	G	A	C	I	**V**	**C**	O	S	**I**	J	S
B	R	**L**	V	L	Z	K	Z	Q	**A**	**R**	G	Q	**G**	D	T
Q	F	W	**E**	J	L	D	I	E	**C**	**O**	M	X	**E**	D	S
L	**A**	**M**	**P**	**N**	O	D	N	O	**U**	**W**	A	N	**R**	V	A
S	F	G	A	H	**D**	A	C	F	**U**	**A**	S	F	**A**	I	B
W	F	Y	U	S	F	**E**	P	D	**M**	**V**	T	T	**T**	T	G
J	X	M	X	**C**	D	A	**R**	Q	X	**E**	P	K	**O**	I	F
F	O	H	W	**O**	P	E	B	R	G	O	P	Q	**R**	U	C
Q	I	H	L	**U**	S	C	A	L	F	G	O	F	Q	Q	Q
T	J	H	V	**C**	O	X	M	A	A	N	A	Q	U	X	O
H	K	D	J	**H**	E	Q	B	E	U	M	H	S	Z	V	C

Puzzle Answer-61

Puzzle Answer-62

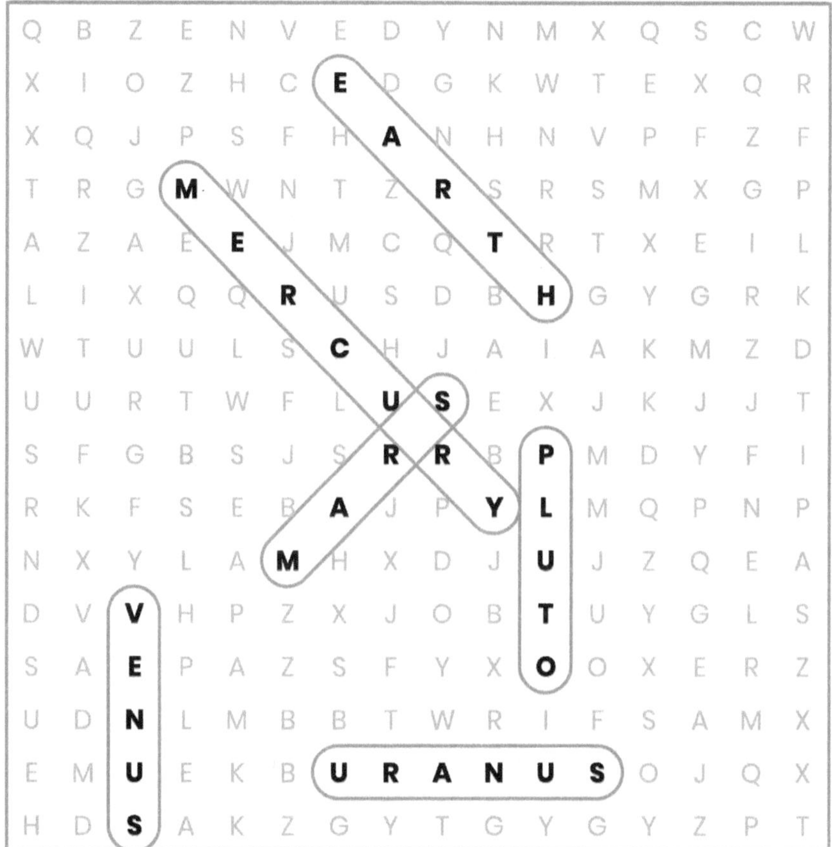

Puzzle Answer-63

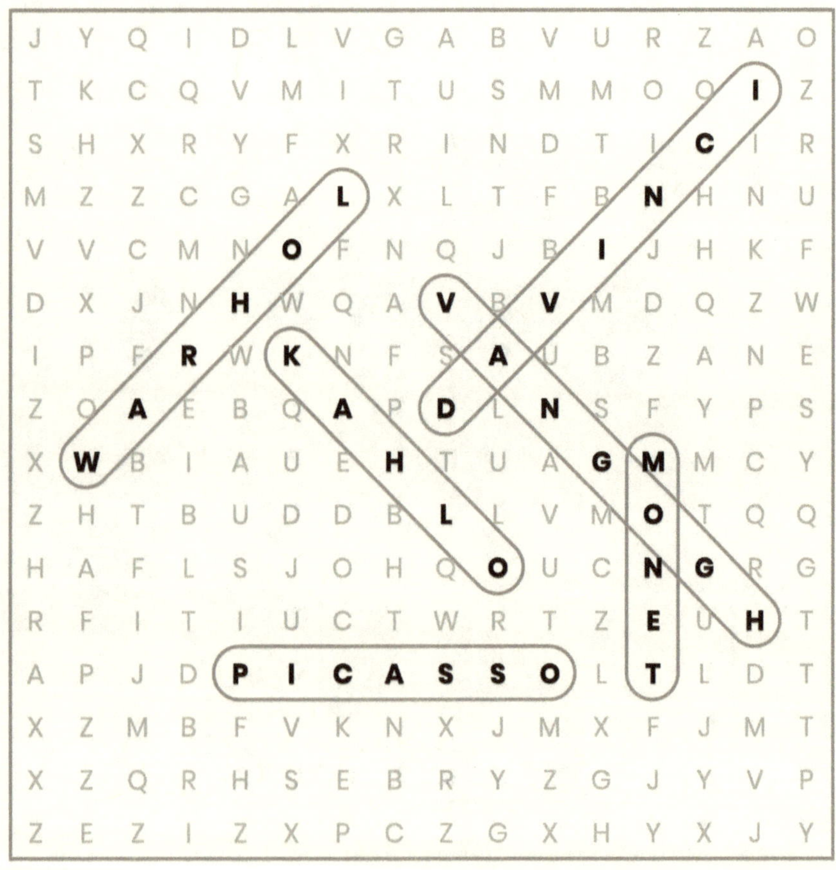

Puzzle Answer-64

Puzzle Answer-65

Puzzle Answer-66

J	I	E	U	R	N	R	P	O	A	P	**L**	M	V	N	R
M	B	I	B	B	E	K	J	B	G	**Y**	M	F	**S**	I	S
T	N	D	S	L	D	N	F	P	**T**	M	**S**	**U**	I	**S**	L
N	Y	L	J	H	P	F	Z	**C**	P	**P**	**R**	D	**U**	**S**	A
S	H	E	Y	R	D	S	**A**	Q	**O**	**U**	R	**R**	**U**	N	E
A	Z	O	Q	W	Q	**D**	B	**T**	**A**	M	**U**	**R**	D	A	R
D	O	G	K	F	**O**	C	**A**	**S**	M	**A**	**U**	M	Q	O	H
F	B	J	Q	**R**	V	**R**	**O**	D	**S**	**A**	W	G	F	Y	F
O	S	H	**E**	H	**E**	**G**	W	**O**	**S**	S	O	T	G	D	J
N	W	**T**	A	**C**	**E**	L	**I**	**O**	K	A	N	D	C	F	K
H	**P**	I	**I**	**T**	I	**H**	**N**	Z	H	S	U	T	U	B	J
I	G	**R**	**S**	X	**C**	**N**	I	B	F	L	J	K	N	A	N
U	**T**	H	P	**A**	**A**	M	J	B	O	M	I	F	H	Y	V
G	L	C	**R**	**R**	F	Y	D	W	E	V	N	R	M	H	L
P	H	**B**	**Y**	**V**	**E**	**L**	**O**	**C**	**I**	**R**	**A**	**P**	**T**	**O**	**R**
H	E	**T**	F	F	Q	D	T	A	I	T	X	W	W	F	P

Puzzle Answer-67

N D Z I M Z S U Q G K J M W A M
R S E F L B Q G Y F S S U M K D
K I **I N T E R N E T** K H Z V M Z
Z B T N Y C V X R Z T Z I W **T** H
R A **L** F E Y **T A** C H K N P Q **E** L
W **E** S **I** I I G **E I** X J A E I **L** Q
K L **F** F **G** F T M **L R** M G V D **E** L
Y D Y **R** H **H** A D Y **E P** V D M **S** Z
Y N Y L **I** G **T** J H O **P L** J B **C** Q
R J D R L **G** M **B** D K L **H A** S **O** F
D E F X L S **E** M **U** Z X R **O N P** A
C H T X B O Q **R** M **L** Q X Y **N E** R
B V T B T Y N G **A** K **B** O K N **E** L
V A A U Z K I G P **T** P C J M E D
H L L U V Q C I B W **O** C L J C L
I P S X D Y P X V J Z **R** D E I L

Puzzle Answer-68

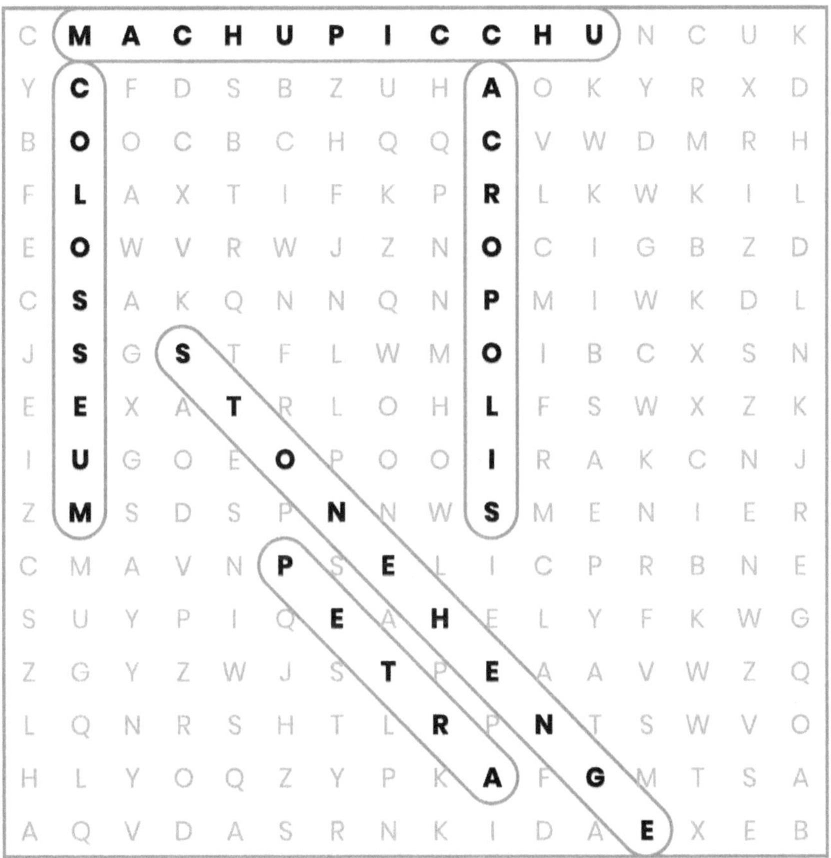

Puzzle Answer-69

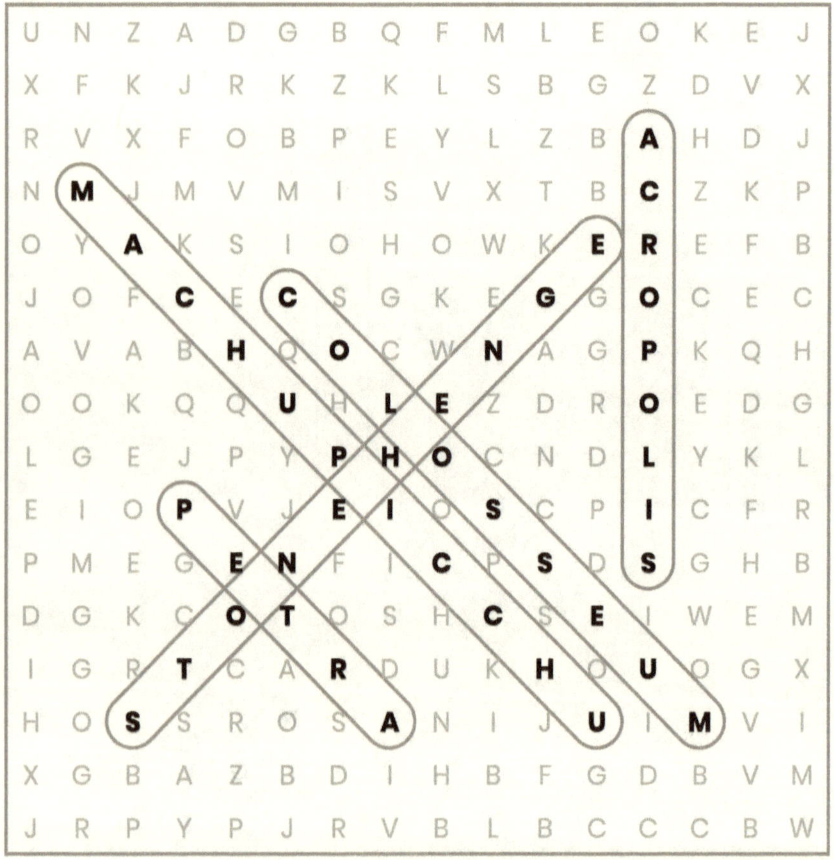

Puzzle Answer-70

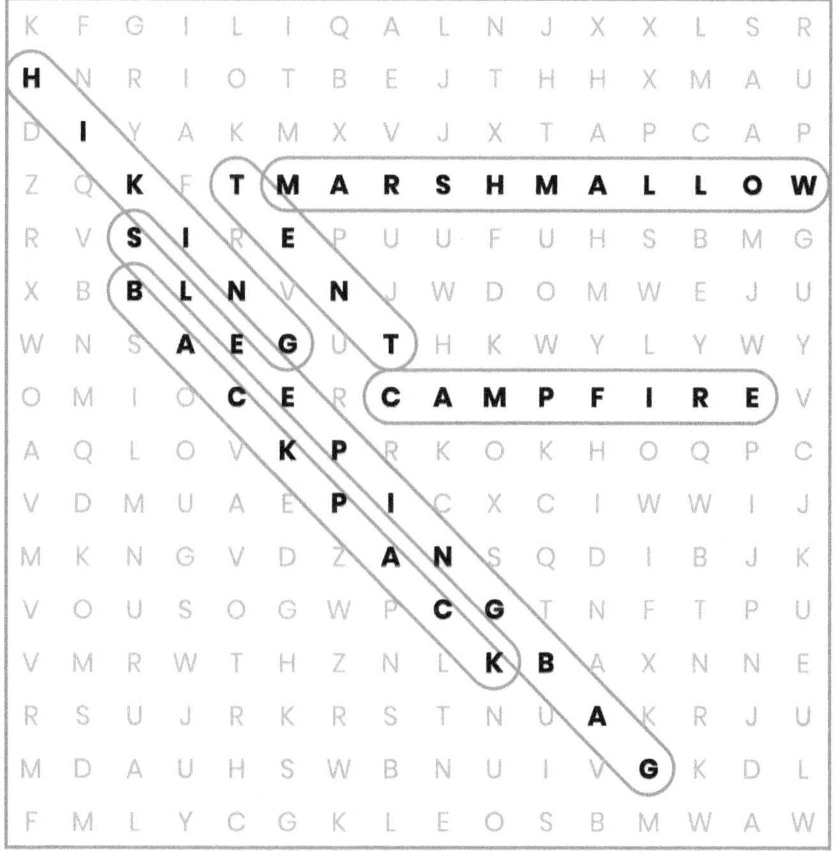

Puzzle Answer-71

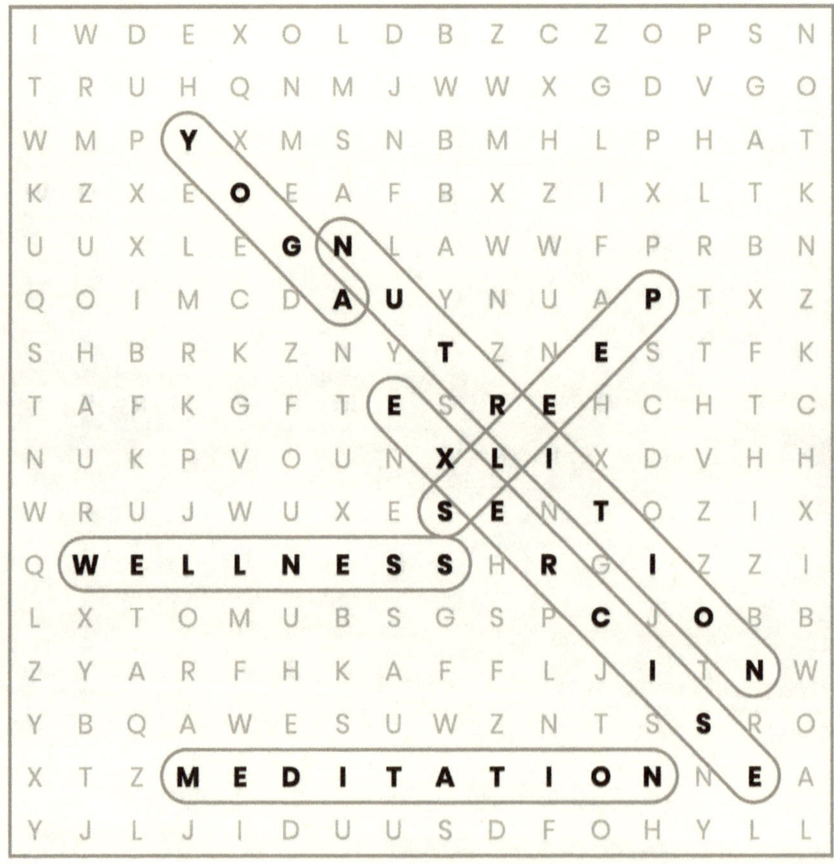

Puzzle Answer-72

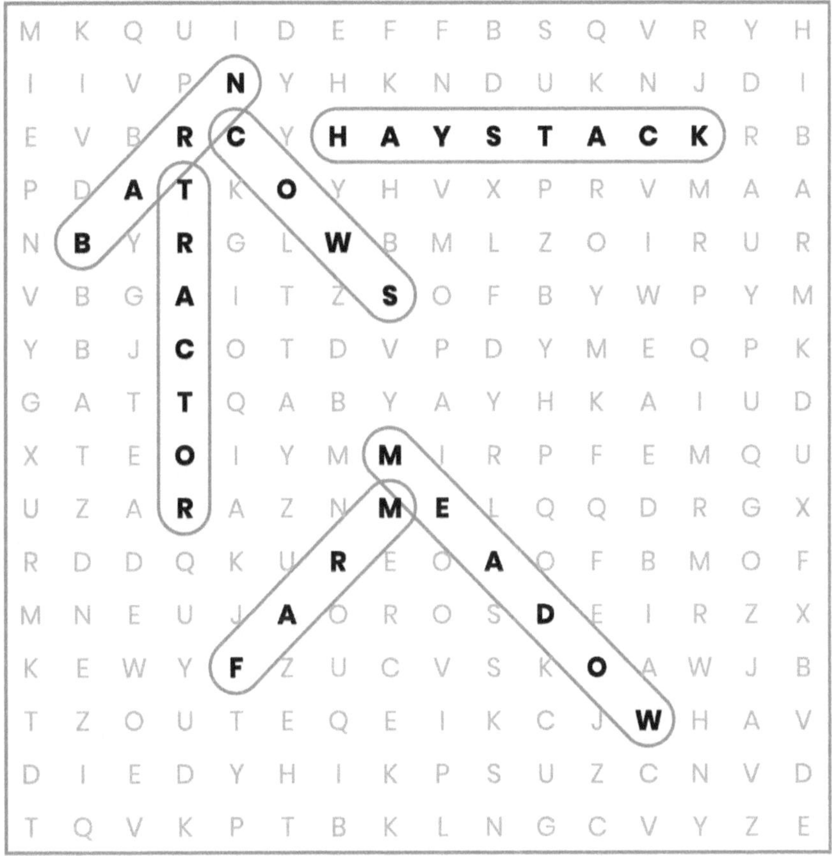

www.ingramcontent.com/pod-product-compliance
Lightning Source LLC
Chambersburg PA
CBHW020343180726
47991CB00021B/2264

* 9 7 9 8 8 9 5 8 8 5 3 3 8 *